気持ちが折れない禅の習慣

曹洞宗徳雄山建功寺住職
枡野俊明
Shunmyo Masuno

はじめに

二〇二〇年は、後世の歴史に刻まれる一年となりました。いうまでもなく、新型コロナウイルスによるパンデミックが世界を覆ったからです。そのなかで人びとは、大きな変化を強いられることになりました。

連日、メディアで語られた「ステイホーム」「リモートワーク」などの言葉が象徴するように、変化は生活、仕事はもちろん、社会の在り様、生き方にまでおよんだといっていいでしょう。

変化は常に戸惑いや不安をもたらします。いままでとは違う仕事の環境に戸惑い、休業や倒産、人員削減などが相次いで報じられるなかで、まだまだ、先行きが見えない経済動向に不安を掻き立てられる……。

「気持ちが折れそう！」

溜め息とともに、思わずそんな言葉が口をついて出た、という人も少なくないのではないでしょうか。コロナ禍がどこにも責任を問えない〝災難〟であることも、やりきれなさに拍車をかけています。

ところで、みなさんは、禅では災難をどう捉えるかご存知でしょうか。

日本人にはもっとも馴染み深い禅僧の良寛さんに、こんな言葉があります。

「災難に逢う時節には、災難に逢うがよく候」

災難に逢うときは、逢えばいいのだ、というのですから、ずいぶん〝乱暴〟にも聞こえますね。言葉の真意は、こういうことです。

それが避けられる災難であれば、避けるために、あらゆる策を講じるべきでしょう。しかし、避けようがない災難、どうすることもできない災難もあるのです。それに対しては、いたずらに抗《あらが》ったり、目をそむけたりせずに、まず、受け容れなさい、と良寛さんはいっています。

抗うから気持ちが折れそうになる。目をそむけるから心が萎《な》えそうになるのです。受け容れることで、気持ちを前に振り向けることができる。心を強くもつことができるのです。

これが、禅の根本的な考え方です。

コロナ禍にかぎったことではありません。人生には災難、つまり、厳しい状況に置かれること、つらい立場に立たされること、悲しみの渦《うず》に投げ込まれること……が何度となくあるでしょう。

しなやかな気持ちで、強い心で、それらを乗り越えていく前提になるのが、受け容れることです。すべてはそこから始まるといっても、けっして過言ではありません。

本書では、みなさんの誰もが遭遇する、さまざまな状況を設定し、それを受け容れるための禅の考え方、ふるまい方をお話しししています。もちろん、受け容れた後になすべきことについても、多くのページを割きました。

大切なことは、その禅の考え方、ふるまい方を実践することです。そして、コツコツ、根気よくつづけていく。つづけることで、それが習慣になります。

「禅の習慣？　禅の修行は厳しいと聞いているし、それを習慣にするなんて、えらく大変なことなのじゃないか」

そう考える人がいるかもしれません。しかし、大丈夫です。禅はとてもシンプルなのです。当たり前のことを、当たり前にやる。ひとことでいえば、それに尽きるといっていいでしょう。

ただし、何が当たり前のことなのか、当たり前にやるとはどういうことなのか、それが見えていないこと、そこに気づいていないことが、少なくないのです。

本書によって、まず、見ること、気づくことから始めましょう。

急ぐことはありません。〝一つ気づき〟、〝一つ実践する〟。習慣にするうえで、それにまさる方法はありません。そして、一つ習慣になったら、それは、一つ〝しなやかで、折れない〟気持ちを手に入れたということです。

コロナ禍が終息しても、必ず、新たな災難がやってきます。折れない気持ちの強化は、人生の必須課題といっていいでしょう。本書が、その一助になることを、筆者として願い、また、確信しています。

合掌

二〇二〇年一一月吉日　徳雄山建功寺方丈にて

枡野俊明

第一章 何事にも動じなくなる 心の安定を取り戻す禅習慣

第二章

自分のなかの芯を強くする
禅思考で図太い神経を養う

第三章 あなたはあなた、他人は他人 シンプルに考えればうまくいく

第四章

目の前の景色に気づく
いまの、たしかなものを大切に

第五章 いつまでも我慢しなくていい 苦境を乗り越える禅の行動力

編集協力　コアワークス（吉村貴／水沼昌子）
装丁　大場君人

第一章

何事にも動じなくなる
心の安定を取り戻す禅習慣

嫌いな人にとらわれない

～別のことに集中して負の感情を湧かせない

人の性格、気質は一人ひとり違いますし、誰もが独自の個性をもっています。ですから、人間関係のなかで、性格や気質、個性がぶつかり合うことも、当然あるわけです。

いわゆる「ウマ（ソリ）が合わない」「相性が悪い（苦手だ、好きになれない、嫌いだ）」という関係がそれでしょう。しかし、相手が同じ会社の人であったり、社外の仕事関係者であったりしたら、かかわらないわけにはいきません。そこで、

「きょうはあの人と打ち合わせか。会わなきゃいけないと思ったら、とたんに気が重くなってきた」

といったことにもなるわけです。打ち合わせが終わったら終わったで、気分の悪さが胸に残ったりするかもしれませんね。

そして、気が重い、気分が悪い、という感情にいったんとらわれると、やっかいなことになります。その感情がどんどんふくらみ、心を支配するようになるのです。それは大きなストレスになりますし、その後、仕事になかなか手がつけられないということになるかもしれません。

負の感情が湧くのは仕方がないのです。問題はその感情をどう〝処理〟するかです。**大切なのは「取り合わない」こと。言葉を換えれば、湧いた感情を引きずらないことです。**

会うのは気が重い、という感情が湧くと、実際に会ったときのことに思いが向きませんか？

その結果、こんなことになるのです。

「また、あの高飛車な態度をとられるのか」

「打ち合わせの間に、何度、皮肉なもののいい方をされるんだろう」

実際に対面した場面を想像してしまうのです。これが、感情に取り合っている状態、感情を引きずっている状態です。これでは、ますます気が重くなっていくのは必然といっていいでしょう。

取り合わないためには、何か別のことに集中することです。

たとえば、その打ち合わせでこちらが主張すべきことを、あるいは思い描いている戦略を、もう一度ていねいに整理してみる。

主張をもっと説得力のあるものにする手立てはないか。戦略にどこか不備な点がありはしないか……。そうしたことに注力すれば、自然に負の感情は断ち切れます。

最初は、うまく集中できないかもしれません。

しかし「習うより、慣れよ」です。

意識して何度かやっているうちに「取り合わず→別のことに集中」という作業が心(頭)の習慣になって、瞬時に感情から離れることができるようになるのです。

対面後も同じです。**気分の悪さが残っていても、次の仕事の段取りに気持ちを振り向ける、仕事の連絡をとる必要があれば、すぐさまスマートフォンを取り出す、といった**

行動をとることで、感情に取り合わずにすむはずです。

自他ともに認める「コーヒー通」という人なら、行きつけのカフェでしばしコーヒーを味わうなんていうのもいいかもしれませんね。好きなことをしているときの集中力の高さは折り紙付きです。

もっとも、コロナ禍でリモートワークが増えている現状は、この種の人間関係の悩みは大きく軽減されるのではないでしょうか。**実際に相手と対面するのと、たとえば「Zoom」を通して向き合うのとでは、感情の起伏が天と地ほども違います。**

会話も、雑談の類いは切り捨てられて、仕事に関することだけに特化されるはずですから、ソリが合わない相手、嫌いな相手に対しても、いたずらに負の感情が湧くこともないのではありませんか？

ちょっとしたことでイライラしなくなる

～まずは呼吸を整えて、さらに呪文を唱えよう

新型コロナウイルスのパンデミックによって、世界は大きく変わりました。

もちろん、日本も例外ではありません。仕事の仕方や人間関係の在り方などがすっかり様変わりした、と感じているビジネスパーソンが多いのではないかと思います。

その変化が新たなストレスをもたらしているようです。こんな声が聞こえてきます。

「このところ、ちょっとしたことでイライラして、むかっ腹が立つようになった。これまではそんなことはなかったのに……」

ストレス社会であるのは、コロナ禍以前も変わりませんが、ストレスをもたらす要因は、コロナ禍によってずいぶん違ったものになっているのではないでしょうか。

これまでいちばんのストレス要因と考えられていたのは「複雑な人間関係」でした。仕事上の、また、プライベートでの人間関係が心の負担となり、ストレスを嵩《こう》じさせていたのです。

ところが、コロナ禍で状況は一変しました。「ステイホーム」の提唱のもと、仕事でも、プライベートでも、できるだけ人との接触を避けることが要請されたわけです。それが今度は、ストレスをもたらすようになっています。

人間関係はストレス要因であった反面、ストレスを解消するものでもありました。その典型が、気の置けない仲間が集まって、酒を酌み交わしながら、他愛のない四方山話《よもやまばなし》をするといったケースでしょう。それは、日本の〝伝統的〟な「憂さ晴らし」の場であったわけです。

コロナ禍は、それを奪ったといっていいでしょう。そこで今度は人と会えないこと、面と向かってコミュニケーションがとれないことが、ストレスをもたらすようになったのです。**「人恋しさ症候群」とでもいうべき状況になっている、といってもいいかもしれません。**

それが心をざわつかせ、イライラ、カリカリ……の大きな要因になっていることは、疑いありません。

しかも、人との触れ合いで、それを解消することができない。コロナ禍のいま、強く求められているのは、ざわついた心を鎮め、心に穏やかさを取り戻す方法、それも〝一人でできる〟方法だといっていいでしょう。

心を穏やかにするための処方箋として、禅が説いているのは「呼吸」です。丹田《たんでん》呼吸。丹田とは、おへその下約七・五センチに位置する体内空間です。その丹田を意識して、そこから息を吐き出し、しっかり吐き切ります。

吐き切ったら、吸うことを意識しなくても、空気が入ってきますから、それを丹田にまで落とします。これが丹田呼吸で、坐禅でもちいるのもこの呼吸です。

ポイントはゆっくり、深く、です。そのためには姿勢を整えることです。禅に次の言葉があります。

「調身《ちょうしん》、調息《ちょうそく》、調心《ちょうしん》」

調身は姿勢を整えること、調息は呼吸を整えること、調心は心を整えることです。

この言葉の順番からもわかると思いますが、**呼吸を整えるには、まず、姿勢を整えることが不可欠**なのです。

実際、骨盤が立ち、背筋が真っ直ぐスッと伸びて、胸が広がった姿勢でなければ、ゆっくりとした深い呼吸はできません。前屈みになった姿勢では、呼吸は速く、浅いものになります。

言葉が意味しているのは、姿勢が整えば、呼吸が整い、その二つが整うことで、心が自然に整っていく（穏やかになっていく）、ということです。

イラッとなったり、カチンときたときは、集中して、この丹田呼吸を数回繰り返しましょう。すると、不思議なことに怒りが鎮まってきます。

一説には、怒りのピークは六秒間だといわれていますから、数回呼吸をしている間にピークを過ぎ、しだいに心が落ち着いて、穏やかになってくるのです。

禅では、呼吸によって感情をコントロールすることを「（感情を）頭に上げない」というい方をします。この場合は、怒りを頭に上げずに、腹におさめてしまう、ということです。

怒りに対する処方箋として、もう一つ有効なのは〝呪文〟を唱えることです。

これは呼吸とワンセット。つまり、丹田呼吸をしながら、たとえば「怒らない、怒らない、怒らない」と心のなかで三回唱えるのです。

呪文は何でもかまいません。「鎮まる、鎮まる、鎮まる」「平気、平気、平気」「がまん、がまん、がまん」……などは候補になるかもしれませんね。

言霊《ことだま》という表現があるように、言葉にはある種霊的な「力」があります。発することで、心を言葉の方向に誘《いざな》ってくれるのです。その意味でも「呼吸＋呪文」の効果にはたしかなものがあります。

ぜひ、いまの暮らしのなかで実践していってください。

「オン＆オフ」の気持ちを切り替える法

～仕事時間と場所を確保し、「今後」に向けた準備を

コロナ禍が、ビジネスパーソンの生活を大きく変えたことは、前項でもお話ししました。これまでのビジネスパーソンの生活スタイルは、毎朝、会社やオフィスに通勤して、日中に仕事をこなし、夕方（夜）には自宅に戻るというものでした。

自宅外に「仕事場」があることによって、オン（オフィシャル）、オフ（プライベート）の切り替えが比較的ラクにできていた、といっていいでしょう。

それがリモートワークに移行しました。リモートワークの中身はさまざまだと思いますが、基本的には、仕事に着手する時間も、仕事を終える時間も、いってみれば自分にまかされているわけです。

そこに難しさがあります。現実にオンとオフの切り替えに苦労しているビジネスパーソンも、けっして少なくはないはずです。

「正直にいって、集中して仕事に取り組める日もあれば、なんか気分が乗らなくて、時間ばかりかかって、いっこうに仕事がはかどらない日もある」

といった塩梅。オンとオフの切り替えは、リモートワーク下での必須課題です。そのポイントを考えてみましょう。

「タガ」をはめる。切り替えるための土台になるのがこれです。

つまり、仕事を始める時間、終える時間を決めるのです。そして、そのオンタイムは、よほどの突発事態、緊急事態、不測の事態がないかぎり、厳守することにつとめる。

水は低きに流れるといいますが、人は易きに流れやすいのです。オンタイムが〝ゆるい〟と、

「きょうはちょっと疲れ気味だな。明日、きょうの分を取り返せばいいや」

ということにもなりかねないのです。切り替えるうえで、いちばん障害になるのが、タガをはめない生活だということを知ってください。

「仕事場」にも工夫が必要でしょう。現代日本の住まい事情を考えると、自分が一人で仕事に取り組める書斎をもっている人は、そう多くはないのではないでしょうか。つまり、それまで生活スペースとして使っていたところに、仕事場（仕事をするコーナー）を設ける必要があるわけです。

リビングの一角、寝室の片隅……。**それぞれの住環境によって、場所は違ってくると思いますが、大切なのは〝宣言〟と家族への〝協力要請〟です。**

「これからは、リビングのこのスペースで、仕事をすることにしようと思う。朝の九時から夕方五時までの間は、どうしても必要なこと以外、声をかけないでほしい」

暮らし方の大改革をするわけですから、当初は自分にも、家族にも、戸惑いがあって当然です。

しかし、人の環境適応能力はすぐれていますし、継続は力です。家族が一緒にがんばってつづけていると、その暮らし方に馴染んでいきます。

夫婦共働きの家庭では、昼食の準備、後片づけを当番制にするなど、負担がどちらか一方に偏らないように配慮することも必要でしょう。

リモートワークには通勤時間がありませんし、アフターファイブの外での酒宴もなくなります。その時間が自由に使えるわけです。

それをどう使うか。ここはとても重要なところです。そこで一つ提案。

自分のこれまでの生き方、家族との関係、将来に向けての仕事の在り方などを見つめ直し、じっくり考える時間にあてる、というのが提案の中身です。

コロナ禍以前のビジネスパーソンは、総じて時間に追われるような感覚をもっていたのではないでしょうか。自分を見つめる時間や生き方に思いを馳せる時間は、ほとんどなかったというのが実情だったのではないか、と思うのです。

新しく手に入った自由時間を、無為に過ごしてしまうのは、あまりにもったいないないではないですか。

コロナ禍はいずれ終息するはずですが、終息後も時代がすっかりコロナ禍以前に戻ることはないでしょう。どの程度かはわかりませんが、仕事のリモート化は定着するでしょうし、経済動向も大きく変化して、進捗する業種、低迷を余儀なくされる業種の色分けも、しだいにはっきりしてくるはずです。

来たるべき時代に対応するには、入念な準備が必要です。

来し方を見直し、行く末を見通す。コロナ禍によって生まれた自由な時間の使い方として、わたしが最優先で推奨したいのがこれです。

備えあれば、憂いなし。

どんなかたちになるかは定かではありませんが、いずれコロナ禍は終息し、これまでとは違った日常の暮らしが戻ってきます。そこでいち早く、的確なスタートを切るカギは、準備が握っています。

気持ちを切り替える妙手は掃除にあった

～一心不乱に没頭することで心も浄化される

仕事がこのところ不調でめげている。人間関係がギクシャクしてしまい落ち込んでいる……。

気持ちがそんな負のゾーンに入っているとき、そこから抜け出すことを考えようとするのは、かえって逆効果です。不調な仕事やギクシャクした人間関係を考えれば考えるほど、そのことにとらわれて、さらに深みにはまるからです。

いったん気持ちを切り替える。心をリセットする。何より必要なのは、その作業でしょう。しかし、

「それはわかっているが、切り替えるのは、そう簡単じゃない」

そう思っている人が少なくないのではないでしょうか。

切り替えるために、きわめて有効な方法があります。掃除です。

掃除は、気持ち、心と、とても密接にかかわっているのです。

こんな経験はありませんか。掃除をして部屋が片づいて綺麗になった。そのとき気持ち、心はどんな状態になったでしょう。気持ちが晴れやかに、心は清々しく、なったはずです。

なぜそうなるのか。それは、掃除はただその場を片づけたり、綺麗にしたりするものではないからです。

禅では掃除を次のように捉えています。心の塵《ちり》や埃《ほこり》を払い、磨くものである。

晴れやかな気持ちになったり、清々しい心になったりするのは、心の塵や埃がスッキリと払われ、心が磨かれたからなのです。

この心と掃除の関係を見据えている禅には、こんな言葉があります。

「一掃除　二信心」

仏の道を志し、修行に打ち込む禅僧にとって、信心は基盤といえるものでしょう。

しかし、**禅ではその信心より、掃除を優位に位置づけて**います。その理由は、先にあげたように、掃除が心を磨くものだからです。このことは、ぜひ、知っておいていただきたいと思います。

めげたり、落ち込んだりしているときは、心を塵や埃が覆っているのです。掃除をすることによって、それらを払い、さらには磨いていく。それ以上の心の浄化法はありません。

キッチンや廊下の床を拭く、庭や玄関を掃く、トイレや浴室の掃除をする……。**どこの掃除をするにしても、心がけて欲しいことはたった一つ。一生懸命そのことに没頭することです。**

禅寺で修行をしている僧（雲水）にとって、掃除は朝の欠かせない日課ですが、掃除に取り組んでいる雲水の姿は、まさしく一心不乱の体《てい》。寒い時期でも全身に汗が噴き出すほど、思い切り身体を使い、心を込めておこなっています。

そうすることで、心に引っかかっていたもの、心にわだかまっていたものが拭われ、剥がれ落ちて「無心」になれるのです。

別のいい方をすれば、心が「空っぽ」になるわけです。

空っぽの心は、まっさらな心ですから、心はすっかりリセットされた状態。そう、切り替わっているのです。掃除について禅ではこんなことも説いています。

「見えないところほどていねいにおこないなさい」

ソファの下や家具の裏側、高い棚の上、外なら木の根元などは、見えない場所ですし、汚れていても目立ちません。掃除もしにくい。ですから、手を抜きがちなのです。

しかし、**そうした場所こそ、身体を使い、心を込めて、ていねいに、が禅の教えるところ**です。

生活様式の変化、新たな暮らし方のなかで、気持ちの切り替えをしたい、心をスッキリさせたい、という場面は増えているかもしれませんね。

そのときは「何をおいても掃除」を習慣にしましょう。

執着から離れる"もの"の仕分け術

～時間を置くことで「足るを知る」心境に至る

人には誰にでも欲望がありますし、欲望は執着につながります。

たとえば、何かを欲しいと思う。すると、そのことで心がいっぱいになったりする。

これが、欲しいものに執着している姿です。

しかし、人は生きているかぎり、執着も、その源になっている欲望も、完全に断ち切ることはできません。すべて手放すことなどできないのです。

それに、欲望を抱くのは悪いとばかりもいえません。

ものごとに向き合ったり、行動を起こしたりする際には、よく「意欲をもって」といったりしますが、この意欲も「欲」です。

欲望は、ものごとを前に進める推進力になったり、行動のエネルギーになったり、向上心を掻き立てたりもするのです。

もちろん、欲望を野放しにしてはいけません。仏教の開祖であるお釈迦様は、こんな言葉を遺されています。

「人間の欲望というものは、たとえ、ヒマラヤの山をすべて黄金に変えたとしても、満たされることはない」

欲望は果てしない、欲望には歯止めがかからない、ということでしょう。

実際、欲しいと思ったものを手に入れて、ひとときは満足感にひたったとしても、その満足感は長くはつづきません。すぐにも、また別のものが欲しくなる。欲望は「もっと、もっと……」と永遠に頭をもたげてくるのです。しかも、現代は欲望を刺激する情報があふれかえっています。

典型的なのがインターネットを介した情報でしょう。そこにはあらゆるジャンル（衣食住から娯楽、グルメ、健康、お金関係など）の情報が展開され、日々（時間単位で）更新されています。

そのどれもが「欲しい」という思いをくすぐります。

自宅にいる時間が長くなったいま、ネットを覗く機会は増えているのではないでしょうか。コロナ禍によって、情報にとらわれる危険度は増している、というい方ができるかもしれません。

さて、そんな状況下で、欲望を、そして、そこから生じる執着を、どう扱ったらいいのでしょう。お釈迦様は、その解答も示されています。

「少欲知足《しょうよくちそく》」

文字どおり、欲をできるだけ少なくし、足ることを知りなさい、ということですね。

ちなみに、この言葉は、お釈迦様が入滅直前に説いたとされる教えを、のちに弟子たちがまとめた『遺教経《ゆいきょうぎょう》』というお経のなかに出てくるものです。

なぜ、少欲知足が求められるのか。それについては、以下のように書かれています。

「多欲の人は利をもとむること多きが故《ゆえ》に、苦悩もまた多し。少欲の人は無求無欲なれば、則《すなわ》ちこの患《うれ》いなし。（中略）知足の人は地上に臥《ふ》すと雖《いえど》も、なほ、安楽なりとす。不知足の者は天堂に処すと雖も、また意にかなわず。不知足の者は富めりと雖も而《しか》も貧し」

おおよその意味は、次のようなことになります。

「欲が多い人は、たくさんの利益を求めるから、苦しみも多いのである。欲が少ない人は、求めることも、欲も、ないから、その心配がない。（中略）足ることを知っている人は、地面に寝るような暮らしをしていても、心は安らかである。足ることを知らない者は、天にある御殿のようなところに住んでいても、心が満たされることがない。足ることを知らない者は、裕福であっても心は貧しい」

苦しみから離れ、心安らかに（穏やかに）、豊かに生きる。少欲知足は、そのために実践すべき指針である、といっていいでしょう。

実践するうえでのヒントは「時間」だと思います。

何か欲しいと思っても、その場ですぐには買わない。いったん、自宅に戻って一週間、それがほんとうに必要なものか、なくてもいいものか、を考えるのです。

時間を置くことで「欲しい、買いたい」と思った瞬間の高揚感はおさまりますから、冷静な判断ができます。

そこで要不要の〝仕分け〟をしたら、おそらく、ほとんどが「あったらいいけど、なくても別に困らない」もののはずです。

いらない、買わない、という判断を下し、気持ちを切り替えることは、欲望から離れること、執着を手放すことにほかなりません。それが知足につながります。つまり、「いまあるもので十分に足りている。これがあるだけでありがたいことだなぁ」という気持ちになっていくのです。まさに、足るを知る、知足の心です。

欲望が湧いたら、「時間を置く」。

それを自分のルール（習慣）にしたらいかがでしょう。急ぐことはありません。一つずつ、欲望を、執着を、手放していって、安らかな心、穏やかな心、豊かな心に着実に近づいていったらいいのです。

寝る前三〇分から「脳」を切り替える

～スマホを切って「夜坐」などの就眠儀式をもつ

コロナ禍は、経済にも大きなダメージを与えました。倒産、休業、閉店など、苛酷な状況に追い込まれた企業や店舗が続出しましたし、それにともなって仕事を失った人の数も増加傾向がつづいています。

いま、人びとが抱えている不安や心配事でもっとも深刻なのは、経済に関するものだといっても、けっして過言ではないはずです。

「先が見通せないし、現在の仕事をずっとつづけられる保証もない。今後の生活のことを考えると、不安でいっぱいになって、夜も眠れない」

そんな嘆きは、誰にとっても他人事《ひとごと》ではないでしょう。

不安や心配事は、とくに夜になると増幅されます。昼間に考えれば、それほどたいしたことがないと思えることでも、夜は一気に深刻の度を増すのです。

おそらく、夜の闇が関係しているのでしょう。闇に対する怖れが不安や心配を募らせるのだと思います。

そして、いったん不安、心配にとらわれると、それはどんどんふくれあがっていく。その結果、脳が興奮状態になり、まんじりともしないで、朝を迎えることになったりするわけです。

そうならないためには「考えない」ことです。少なくとも、寝る前の三〇分は脳を切り替えましょう。考える脳（前頭葉）から感じる脳（側頭葉）への切り替えです。

もっとも有効なのは坐禅です。実際、禅の修行中には就寝前に坐禅をします。

それを「夜坐」といいますが、坐禅をすることによって、心も身体も心地よさに包まれて、考える脳が休まり、感じる脳が働くのです。切り替えがスムーズにおこなわれる。

夜坐のあとは、自然に安らかで深い眠りに入っていけます。心得がある人は、寝る前の三〇分、坐禅をする習慣をもったらいかがでしょうか。

坐禅をしたことがなければ、それに代わるものとして、自分が心地よいと感じることをするのがいいと思います。

たとえば、好きな画家の画集を眺める。気に入っている詩人の作品を読む。音楽が趣味なら好みの音楽を聴くのもいいですね。ただし、ロックなどの激しい曲は興奮につながりますから、ゆったりとした静かな曲、ヒーリング系の音楽を選びましょう。

女性ならアロマを焚くのもいいかもしれませんね。ゆっくり入浴をしたあと、お気に入りの香りが漂う部屋でひとときを過ごす。それが寛《くつろ》ぎの時間になるのは間違いのないところでしょう。

「ああ、心地よいなぁ」

そんな思いが胸いっぱいに広がっているときは、たとえ、不安や心配事があっても、そこから離れていられます。その状態でベッドに入れば（床につけば）、眠りが妨げられることはありません。

注意が必要なのは、スマートフォンの扱いです。心地よい時間を過ごしているときにＬＩＮＥが入ったり、電話がかかってきては、せっかくの〝就眠儀式〟が台なしです。

就寝三〇分前にはスマホを手放し、電源を切っておきましょう。

なかには「困ったな」という表情になった人がいるかもしれません。いまは寝る間際まで、ＬＩＮＥでやりとりをしている人が少なくないとも聞きます。

ＬＩＮＥがやっかいなのは、メッセージが届いたら、すぐに返信をするのが、いわば、ＬＩＮＥ仲間の〝不文律〟のようになっているからかもしれません。その不文律を守らないと、申し訳なく思ったり、なかには仲間外れにされたりすることもあるようです。

そのため、スマホはいつも手元に置いておかないと気が休まらない、という人が少なくないのではないでしょうか。

しかし、これも対応法があります。ＬＩＮＥ仲間に宣言してしまうのです。

「これからは、夜一〇時になったら、スマホには触らないからね。ＬＩＮＥをもらっても対応できないから、みなさん、ご協力よろしくお願いします」

そうしておけば、

「彼（彼女）は最近、ＬＩＮＥの返信がなくなった。無視するなんて、感じ悪いったらありゃしない」

といったことにはなりません。ＬＩＮＥ仲間も新しく取り入れた「習慣」を尊重してくれるはずですよ。

朝を充実させる三か条

～定時の早起き、空気の入れ換え、朝の掃除

わたしは常々、生活習慣についてこうお話ししています。

「その日がどんな一日になるかは、朝の時間帯をどのようにして過ごすかで決まりますよ」

そのことはみなさんも実感されているのではないでしょうか。自宅を出るギリギリまで寝ていて、朝食はとらず、身支度もそこそこに、家を飛び出す。そんな日がどんな一日になるかは、容易に想像がつくところです。

仕事に必要な資料や書類を忘れるかもしれません。もし、朝一番でミーティングがあっても、集中ができませんし、ロクな意見もいえないでしょう。仕事相手との打ち合わせ

などにも、余裕をもって臨むことができない……。

まさに、悪いことずくめ。その一日は嘆息で終わります。

「あ〜あ、やることなすことうまくいかないなんて、まったく、きょうはなんて一日なんだ。散々じゃないか」

すべての原因は朝にあります。ですから、**生活習慣として、まず、つけていただきたいのは、何を措《お》いても「朝を充実させる」こと**なのです。

最大のポイントが次のことです。**一定の早い時間に起きる**（第一か条）。

〝ギリギリ組〟の人はとくに心してください。いつもより三〇分早く起きるようにしましょう。

次に、**身体に新鮮な空気を取り入れる**（第二か条）。その段取りは以下の通りです。

布団から出たら、すべての窓を開け放ち、部屋の空気を入れ換えます。就寝中に部屋の空気は澱《よど》んでいます。それを一掃する。

都会でも朝の空気は澄んでいますから、窓際やベランダで深呼吸をして、新鮮な空気を身体中にめぐらせましょう。

第三か条は、心（頭）も身体もスッキリ目覚めさせる、です。そのためには身体を動かすことです。

いちばんのおすすめは掃除です。掃除の効用についてはすでにお話ししましたね。長い時間でなくていいのです。一〇分間、どこか一か所を掃除しましょう。掃除は朝の適度な〝運動〟として最適です。身体を動かすことで、心も身体もスッキリ目覚めることになります。

じつはこの三か条、わたしの朝のルーティンそのものなのです。起床時間は午前四時三〇分ですから、一般の人よりははるかに早くなりますが、その後の窓を開けて空気を入れ換え、深呼吸をし、掃除に取り組む、という流れはまったく同じです。

三か条の実践で、朝を充実して過ごすための態勢が整います。朝食をしっかりとることができますし、食後のお茶（コーヒー）もゆっくり味わえます。その日のスケジュールの確認や必要な資料や書類の点検、パソコンや新聞、テレビなどからの情報収集、といったことも余裕をもってできるでしょう。

出社してからも、すぐに仕事に着手できる。ギリギリ組の場合は、出社後に仕事に向き合う態勢づくりをする必要があるはずです。

それにどのくらいの時間がかかるかは、個人差があるにしても、仕事をスタートさせるまでに時間的なロスが生じることはたしかでしょう。

ロス時間がかりに一〇分にしても、一週間（五日間）で五〇分、一か月（四週間）では二〇〇分の差ができるわけです。それが一年、二年、三年……一〇年、と積み重なっていくにつれて、差はどんどん開いていくのです。

仕事がリモート中心になっている人は、とりわけ朝が重要だと思います。時間をどう使うか、つまり、時間管理は自分にまかされているわけですから、朝をダラダラとすごしてしまうと、そのダラダラ感覚が、必ず、尾を引くことになります。仕事に入る態勢に切り替えるのが難しくなるのです。

三か条の実践で、朝のルーティンをしっかり確立させましょう。充実した朝は充実した仕事に、充実した一日につながります。

ものごとをシンプルに考えるコツ

〜まずはできる限りで行動し、その後で軌道修正する

何か行動するにあたって、よくいわれるのが次のことではないでしょうか。

「軽挙妄動、浅慮はいけない。何ごとも熟慮してから、とりかかるべきだ」

正論です。軽挙妄動《けいきょもうどう》も浅慮も慎むべきですし、それがいい結果につながらないことのほうが多いのは明らかです。

しかし、熟慮も〝過ぎる〟のはどうでしょうか。こんな人がいます。自分の行動によって起きる状況や事態について、あれこれとさまざまに想定してしまうのです。

「今回のプロジェクトでは、先方にこんなアプローチから始めよう。待てよ、別のアプローチの方法もあるな。う〜ん、そちらのほうがよさそうだな。いや、いや、やっぱり、

当初のアプローチがいいかもしれない……」

これでは、なかなかプロジェクトをスタートさせることができません。あまり考え過ぎると、ものごとは複雑化して、行動を妨げるのです。

石橋を叩いてわたる、という言葉があります。慎重にことを進めなさい、ということですが、いつまでも石橋を叩きつづけていたらどうなるでしょうか。永遠に橋をわたり切ることはできないではありませんか。

禅にこんな言葉があります。

「禅即行動《ぜんそくこうどう》」

意味はそのまま、ただちに行動するのが禅の在り様、考え方であるということです。どんなものごとも、想定通りに運ぶということは、まずありません。決着を見るまでには、何度かの軌道修正が求められるでしょう。

では、正しく軌道修正するためには何が必要でしょう。行動がもたらす結果です。たとえば、プロジェクトで最初のアプローチをする、という行動。実際に行動すれば、うまくいくにしろ、いかないにしろ、何らかの結果がもたらされます。

軌道修正は、その結果を踏まえてなされるべきものでしょう。

「アプローチ段階では、先方に主導権を握られてしまった。次の段階では、主導権を取り戻せるように、戦術を修正しなければいけないな」

といった具合です。

すなわち「行動→結果」というプロセスを経て、軌道修正の道筋が見えてくるのです。さまざまな結果を想定するだけで動かなければ、ものごとは一歩も前には進みません。

もう一つ禅の言葉を紹介しましょう。

「即今《そっこん》、当処《とうしょ》、自己《じこ》」

その意味は、たったいま、その瞬間に、自分がいるその場所で、自分ができることをしていくことが大切である、ということです。

どのようなときも、どんな状況でも、その瞬間に、そこで、自分ができることは、必ずあります。**ああでもない、こうでもない、と思いをめぐらせるのではなく、そのできることを、きちんとしていきなさい、と禅は教えます。**

禅の発想はとてもシンプルです。行動しないうちに、先先を考えるから、動けなくなるのです。行動した結果が思うにまかせないものであってもいいではありませんか。**軌道修正はどのようにでもできますから、その段階でまた、自分ができることを一生懸命にやればいいのです。**

どんなものごとも、そうしたことの繰り返しで、達成されたり、成就したりするのです。目の前にあることを、一つずつ、自分の精いっぱいでやっていく。それを腹に据えておくと、ものごとがずっとシンプルに見えてきます。

“点呼確認”で小さなことが気にならなくなる

～指さしの習慣をつける、ものの「番地」を決める

人にはさまざまな性格やクセがあります。なかにはこんな人がいるかもしれません。何かにつけて、小さなことが気になってしまう。たとえば、家を出た後で、部屋の電気を消したかどうかが気になる。エアコンやオーディオの電源なども気になる対象になりそうです。

こんなタイプは、仕事の出張や旅行でホテルに泊まったとき、チェックアウトしてから、忘れものをしなかったかが気になったりもするでしょう。

いずれにしても、その確認のために、自宅に戻ったり、ホテルの部屋に引き返したりしていたのでは、時間的なロスになります。

もし、確認できない状況であったら、いつまでも気がかりを引きずってしまい、やるべきことがあっても集中力を欠くことになりますね。

これは、**一つの習慣をつけることで解決する**のではないでしょうか。わたしが実践している方法、枡野流を紹介しましょう。

わたしは「禅の庭」のデザインや作庭のために、あるいは、講演の依頼をいただいて、国内外に出かけることが少なくないのですが、泊まったホテルの部屋を出る前に、必ず、〝点呼確認〟をすることにしています。駅員さんが駅のホームでおこなっている「あれ」です。

「電気、よし」「エアコン、よし」「クローゼット、よし」……。

点呼が必要なものについて、消し忘れがないか、忘れものをしていないか、チェックするのです。**一分もかからないですみますし、これが習慣になっていると、何の憂いもなくチェックアウトでき、気がかりを引きずることもありません。**

「いちいち確認するなんて、面倒くさい」

そう思われる人がいるかもしれませんが、よく考えてみてください。

仕事の打ち合わせの最中に「トイレの電気は消してきたかな？」などと気になれば、心ここにあらずの状態になりませんか？

もし、そこで重要な決断や判断をする必要があったりしたら、それを誤ることにだってなりかねないと思うのです。習慣にしてしまえば、そうすることが「自然」になりますから、面倒くさいといった感覚は払拭されます。

併せて提案したいのが、ものの「番地（置き場所）」を決めるということです。みなさんにも、必要なものがすぐ見つからないという経験があるのではないでしょうか。「ホッチキスはどこだ。きのうも使ったのに、あれっ、どこに置いたんだっけ？」

こんなことになるのは、番地が決まっていないからです。「ホッチキスの置き場所はここ」と決めておけば、いつだって探す手間いらず。必要なときにすぐに使えますから「もうっ、どこにいったんだ！」と苛立つこともなくなります。

もちろん、使ったら、必ず、番地に戻すということが、絶対条件であることはいうまでもありませんね。

これは禅の修行中に身についた習慣です。修行中の雲水たちは、ものを共同で使います。たとえば、掃除用具にしてもそう。ですから、置き場所が決まっていること、使用後はそこに戻すこと、この二つが徹底されていないと、

「箒《ほうき》が一本足りない。どこに置いたんだ。掃除ができないじゃないか！」

ということになるのです。修行中は、それこそ、分刻みでやるべきことが決められていますから、〝捜索〟で時間をロスすることなど許されません。**ものはすべて、使うときにすぐ使える状態にしておかなければいけないのです。**

この習慣は日常にも容易に取り入れられるのではないでしょうか。必要なものが見つからないと、気分もよくありませんし、へたをすると（あるものを）新たに買わなければならない、ということになって、無駄な出費につながるかもしれません。

よい習慣は積極的に取り入れる。暮らしをより快適にする、大切なポイントの一つです。

第二章

自分のなかの芯を強くする
禅思考で図太い神経を養う

呼吸で「折れない自分」になる

～丹田呼吸を数回おこなうだけで緊張度半減

人は人生で何度となく、緊張を強いられる場面に立たされます。具体的に、いくつかあげてみましょう。

・プレゼンテーションのプレゼンターを命じられた
・パーティや会合で発言を求められた
・結婚式や葬儀で挨拶を依頼された
・大物ＶＩＰに会うことになった
・婚約者の親とはじめて対面することになった

いずれも、その場面を思い浮かべただけで、胸がドキドキしてくるという人がいるかもしれませんね。いわゆる「アガッて」しまった状態ですが、注目していただきたいのは、そのときの呼吸です。

呼吸が胸式呼吸になっていて、浅く、速いはずです。その呼吸が心に焦りや動揺をもたらしているのです。呼吸と心の関係、呼吸が心に影響を与えることについては、第一章でもお話ししましたね（22ページ参照）。

その状態を脱し、心を平静な状態に戻すためには、呼吸を整えることです。**丹田呼吸を数回おこなう。緊張している自分を感じたら、トイレなど一人になれる場所で、それを実行してください。**

すると、一〇〇％アガッた状態であっても、そのレベルが確実に五〇％程度まで下がってきます。平静さが五〇％くらいにまで戻ってくれば、緊張する場面も乗り切れるでしょう。

じつは、わたしもかつて呼吸に〝救われた〟経験があります。はじめて講演に臨んだときです。

もちろん、禅僧ですから、それまでもお檀家さんやご葬儀の参列者など、人前で話をする機会はありました。

しかし、講演は勝手が違ったのです。聴衆がどのくらいだったのか、こまかいところまでは覚えていませんが、圧倒される数だったことはたしか。緊張で呼吸も脈拍も速くなり、手のひらが汗ばんできたのです。

「落ち着かなければ、落ち着かなければ……」

そう自分にいい聞かせたのですが、これは明らかに逆効果でした。さらに緊張が高まってきたのです。しかし、そんななかでハッと気づいたのです。

「呼吸！　そうだ、呼吸を整えればいいんだ」

その瞬間まで、そのことに思いがいたらなかったのですから、これは自身の不明を恥じるしかないのですが、初講演のプレッシャーはそれほど大きいものだった、想像をはるかに超えるものだったのだと思います。

わたしは、ゆっくりと深く、丹田呼吸をおこないました。

呼吸だけに集中していると、しだいに緊張がほぐれ、心が落ち着いてきました。肩の力が抜けるのもはっきりとわかりました。

そして、準備していた講演内容についても、頭のなかで整理されてきたのです。

こうして、わたしは何とか初講演をこなすことができました。その後もたくさんの講演依頼をいただいていますし、いまは聴衆の方の反応を確認しながら、話をさまざまに展開できるようにもなっていますが、「呼吸を整え→演壇に立つ」という流れは、わたしのルーティンになっています。

緊張で心がへたりそうになったり、折れそうになったときは、集中して丹田呼吸をすることだけにつとめましょう。**呼吸によって心が平静になるという実感があると、どんな状況でも、場面でも、怯《ひる》むことがなくなります。**

冒頭であげた「難局」も怖れるに足りず、です。難なく乗り切っていきましょう。

〝得意〟を磨くと、自己嫌悪に陥らない
～どこにいても主人公になれば存在が輝いてくる

人生をイキイキと、また前向きに生きるためには、自己肯定感をもつことが大切だといわれます。

しかし、これがなかなか難しい。どちらかというと、すぐに自分を否定してしまったり、さらには自己嫌悪に陥ったりする人のほうが多いのが実情ではないでしょうか。

「仕事がどうもうまくいかない。なんで自分はダメなんだろう」

「どうしていつもいつも、出会いが恋愛にまで発展しないのかしら。こんな自分、ほんとうに嫌になってしまう」

いかがですか。思い当たるという人が少なくないのではないでしょうか。

そんなふうになってしまうのは、自分が「できない」こと、自分が「得意でない」ことに、目が、心が、向いているからなのです。

仕事をうまく進められなかった自分、恋愛にもっていくのが得意でない自分……。そんな〝自画像〟で心がいっぱいになったら、前向きになれなくて当然でしょう。

人には誰にでも、得意なこともあれば、得意でないこともあります。

仕事にしても、その中身は多岐にわたります。たとえば、営業の部門でも、資料を集めて整理する必要があるかもしれませんし、それをパソコンでわかりやすくビジュアル化することが求められることもあるでしょう。

顧客への対応では、印象のよさや信頼感を得る話術が、必須の条件になったりするのではないでしょうか。

それらどれもが得意という人は、そうはいないはずです。

資料をすばやく集め、的確に整理できるし、ビジュアル化もお手のもの。好印象を与える物腰が身についているし、話せばたちまち相手の懐に飛び込める……。そんな人が絶対にいないとまではいいませんが、圧倒的に少数派であるのが現実でしょう。

何をやらせても、高いレベルで、オールマイティという人は、まず、いないのです。

資料の収集、整理は得意だが、ビジュアル化は苦手。誠実に対応しているが、顧客の前であまり流暢にしゃべれない……。それが当たり前ですし、そうであっていいのです。視点を変えること、心を別のところに振り向けること、です。**そう、得意を意識していく。そして、それを磨くのです。**

資料の収集、整理の能力はピカイチ、誠実さでも抜きん出ている。得意を磨き上げて、そうなったら、その組織やグループで「余人をもって代え難い存在」になります。自分の立ち位置が確立されるといってもいいでしょう。

すると、苦手なことがある自分を、素直に認めることができるようになるのです。

そうすれば、

「ビジュアル化がぜんぜんうまくできないんだ。申し訳ないけど、時間があるときに助けてくれないかな」

パソコンが得意な人に、そんなサポートをお願いすることもできます。

もちろん、余人をもって代え難い存在からのオファーですから、相手も快く引き受けてくれるに違いありません。

禅語に、こんな文言があります。

「**随処作主　立処皆真**（ずいしょにしゅとなれば　りっしょみなしんなり）」

臨済義玄禅師《りんざいぎげんぜんじ》の言葉ですが、広義に解釈すれば、どこにいても、そこで主人公になれば、存在が輝いてくる、という意味になります。

主人公になるとは、主体的に動くことであり、自分を磨いていくことでもあるでしょう。余人をもって代え難い存在が、まさに、それです。輝いている自分を否定したり、嫌悪したりする人はいませんね。

恋愛が得意でないと感じている人も、得意（長所、美点）はあるはずです。その得意を磨いていきましょう。たとえば、備わっている思いやりや気配りに、さらに磨きをかけるのです。

「彼女の気配りはすごい。気持ちがほんとうにやさしいんだね」

そんな人だったら、きっと、その魅力に惹かれる人があらわれます。

ネガティブな性格は〝言葉〟で変えられる

～はじめは人が習慣をつくり、それから習慣が人をつくる

人のものの見方、感じ方、考え方はさまざまです。同じものに対しても、まったく、逆の見方がある。よく引かれる例があります。

ウイスキーが半分残っているボトルがあります。それを見てこう考える人がいる。

「まだ、半分も残っているぞ」

一方、違った見方をする人もいます。

「もう、半分になってしまったじゃないか」

前者はポジティブな人、後者はネガティブな人、といっていいでしょう。**両者の見方の違いは、人生のいろいろな場面、局面で、大きな影響をもたらします。**

人生は山あり、谷あり、といわれます。順境もあれば、逆境もある。やることなすことうまく運ぶ絶好調のときもあるし、つらいこと、苦しいこと、嫌なことばかりの絶不調のときもあるわけです。

両者の違いが、とりわけ、色濃く出るのは、逆境に身を置いたときではないでしょうか。たとえば、長くつづくこの不況下で、リストラを宣告されてしまった、といったとき、ネガティブな人は途方にくれる。

「なんで、自分がリストラされなきゃいけない。考えてみれば、いつも自分ばっかりが割を食ってきた。これからどうすりゃいいんだ。あぁ！」

という具合。わが身を呪い、嘆いている図です。これでは先が見えそうもありません。その状態から前に進むことができないのです。ポキリと折れた心から立ち直るのは、容易なことではなさそうです。

しかし、ものごとをポジティブに捉える人は違います。

「たしかに厳しい状況だが、これはきっと試練を与えられたってことなんだな。歯を食いしばってでも、ここを乗り切ったら、一皮も二皮も剥けるはずだ。なんとしても、この状況を自分が成長する糧にしなきゃ。よぉ〜し、負けないぞ！」

といった受けとめ方ができるのです。

リストラを宣告されたという、同じ状況にありながら、心の在り様が一八〇度違う。当然、それからの行動もまったく別のものになるでしょう。

前者がその場でいつまでもとどまっているのに対して、後者はすぐにも自分ができる行動に移るはずです。ハローワークに足繁く通ったり、仕事に就くために必要な情報を集めて精査したり、人脈を頼んでアドバイスを求めたり……。

どちらがいち早く逆境を脱することができるかは明らかです。**やる気、元気、勇気をもって、一歩を踏み出さないかぎり、脱出口など見えるはずがないのです。**

後者が禅の考え方、発想です。こんな逸話が伝わっています。

修行行脚《あんぎゃ》中の和尚が、ある晩、みすぼらしいお堂で一夜を過ごすことになります。天井には穴が開き、破れた壁からはすきま風が容赦なく吹き込む、という塩梅ですから、和尚の気持ちは沈み込みます。

「なぜ、よりによって、こんなところで一晩過ごすハメになってしまったのだ。よくよく、運に見放されてしまったということなのか」

嘆きの和尚は、床にゴロリと横になります。その瞬間、気持ちが変わります。天井の穴からは漆黒の闇に浮かぶ美しい月が覗き、やわらかな光で自分を包み込んでくれている。そのことに気づいたからです。

「ここで宿を借りなかったら、これほど美しいものを見ることはできなかった。自分が光に包まれていることの幸せを感じることができなかった。なんと、なんと、ありがたいことだろう」

嘆きは感謝に変わったのです。崩れそうなお堂の一夜という「マイナス（嘆き）」を「プラス（感謝）」に転じる。**禅の発想の妙味は、そこにあるといっていいでしょう。**

「そうはいっても、ポジティブかネガティブかは、多分に性格が反映しているのだから、そう簡単には変えられないのでは？」

もっともな疑問です。しかし、わたしは変えられると思っています。もちろん、一朝一夕に、というわけにはいきませんが、たとえば、こんなことを実践するというのはいかがでしょう。

朝起きたら、

「よし、きょうも一日がんばるぞ。気合いを入れていくぞ！」

とひと声発する。

そうするだけで（いつもみたいに）「あ〜あ、きょうも、また、仕事かぁ」と思っている朝とは、違ってくると思いませんか。

ためしに、毎朝、つづけてみてはいかがでしょう。こんな言葉があります。

「はじめは人が習慣をつくり、それから習慣が人をつくる」

この言葉が意味しているのは〝気合い注入〟という朝をつづけて、それが習慣になったら、気合いをもって朝を始められる人になる、ということではありませんか。

毎朝、気合い満々。これ、ネガティブでしょうか、それとも、ポジティブですか？

焦る人、慌てる人は、「〜ながら」を断つ

〜複数のことを同時並行せず「一行三昧」を心得る

コロナ禍で仕事のスタイルが変わって、戸惑っている人が少なくないのではないか、と想像します。**戸惑いの原因を探れば、いちばん大きいのは作業量が増えたということかもしれませんね。**

たとえば、社内の人に確認事項があるとき、これまでのように社内で勤務していれば、その人のデスクへ行って「この件は、これでよかったかな」と尋ねれば、それでことが足りました。

資料をまとめるといったことについても、部下や後輩に「資料を読んで、レジュメをつくってください」と頼めばすんだかもしれません。

しかし、リモートワークでは、相手に電話やメールで連絡をとって、確認する必要があります。簡単な資料整理も自分でしなければならない。手間を考えると、煩雑さが増していますし、時間もかかるようになっています。

作業量の増加は、気持ちの焦りや慌ただしさにつながります。やらなければいけない仕事がたくさんあるのに、時間がない、という状態です。

もちろん、やるべき仕事の全体量を把握しておくことは必要です。しかし、**実際に作業をするときは、とりかかっている仕事だけに集中することが大切**なのです。

一つの仕事をしながら、別の仕事のことを考えたりしたら、効率は確実に落ちますし、集中力もそがれます。

これを誤解している人がいるようです。同時に複数のことを手がけたほうが、効率的だと考えている。明らかに間違いです。日本の諺《ことわざ》もいくつもの表現で、それを戒めています。

「二兎を追うものは、一兎も得ず」
「虻蜂《あぶばち》とらず」

人は一度に、一つのことしかできないのです。

そのことを、はっきり肝に銘じておきましょう。

禅も一つのことに全力投球する大切さを教えています。それをあらわす禅語がこれです。

「**一行三昧**《いちぎょうざんまい》」

一つのことに専心せよ、そのことに打ち込みなさい、という意味です。

それ以外にことをしっかり仕上げる方法はありませんし、それに徹していたら、どれほどたくさん抱えていても、仕事は着実に片づいていくのです。もちろん、焦ったり、慌てたりすることもありません。

一行三昧は、あらゆることについていえます。 いまは職住接近どころか、職住一致の環境にある人も少なくないはずです。そのことが時間のメリハリをつけにくくしているのではないでしょうか。

仕事の手をとめて昼食をとる。いままでなら、オフィスを出て外でランチをすることで、仕事モードから休憩モードに自然に入っていけたのだと思います。ところが、いまは仕事をしていたリビングで昼食も食べることになっていたりします。

そこで、メリハリがつかず、昼食中にも仕事のことが頭から離れなかったりするわけです。「〜ながら」になっているのです。

一行三昧を徹底させましょう。仕事が一行三昧なら、食事も一行三昧、頭を休めるための休憩も一行三昧、気分転換のための散歩も一行三昧……です。そうすることで、職住一致の環境のなかでも、時間にメリハリがつきます。

もう一度繰り返しますが、一行三昧の最大の妨げが「〜ながら」です。これを断ち切ってください。

「コツコツ主義」が芯を鍛える

～「考える」前に「動く」ことで継続につながる

一念発起して何かを始める。誰でも一度や二度は、その経験があるのではないでしょうか。しかし、つづけられずに挫折してしまう。それも、また、誰もが経験していることだと思います。

聞くところでは、ダイエットと英語が「つづかない」ことの二大テーマだそうです。なぜ、そうなるのか。一つは「考える」ことにある、とわたしは思っています。説明しましょう。

たとえば、ダイエットに取り組んだとします。はじめの一か月くらいは、脇目も振らずに課題をこなすのでしょう。しかし、しだいに考え始める。

「この方法、ほんとうに効果があるのだろうか。もしかしたら、自分には合っていないのではないか。ほかの方法のほうが、もっと効果があるかもしれない」

効果のほどを考え、他のダイエットに思いをいたす。〝不幸〟なことに、いまは情報があふれかえっています。ダイエットの方法などは、その最たるものといっていいでしょう。それこそ、星の数ほどあるわけです。目移りするのも致し方なし、なのかもしれません。

その結果、さまざまなダイエットを〝梯子《はしご》〟することになったりするのです。それでは、効果があらわれないのも当然ではありませんか。

ダイエットにかぎらず、どんなことでも、取り組み始めて短期間で効果があらわれるはずがありません。六か月、一年、二年……と、継続してはじめて効果が得られるわけでしょう。

「効果はどうか？」「（この方法は）自分に合っているか？」「もっと効果的な方法があるのではないか？」……などと考えることが、継続するうえでいちばんの障害になるのです。

コツコツつづける以外に効果を実感する道はありません。

健康のためのウォーキングにしても、継続を妨げるのは、考えることです。

朝起きて、

「きょうはグッと冷え込むな。この寒さのなかでウォーキングか。風邪でもひいたらたいへんだよな……」

といったことを考えるから、「やめておくか」になるのです。あれこれ考えずに、家を出てしまえば、自然につづいていくのです。

こんな禅語があります。

「吾道一以貫之（わがみちはいちをもってこれをつらぬく）」

自分があゆむ道は、一貫しているのがいい、という意味です。

人生や生き方について、いっている言葉ですが、日常的な取り組みについても、まったく同じだとわたしは思っています。

自分が「これをやる」と決めたら、ブレないこと、余所見《よそみ》をしないこと、余計なことを考えないことです。それがコツコツつづけていく、唯一のコツといっていいでしょう。

コツコツつづけることには、精神面での大きな意義もあります。途中で投げ出さないでつづけている自分。その自分を感じることで、充実感、達成感、納得感がもてるはずです。

それらのどれもが「自信」につながります。自信は生きていくうえでのバックボーンになるでしょう。別のいい方をすれば、自信によって心の芯がしっかりしてくる、といってもいいですね。

仕事のなかでも、鍛えられた心の芯は活きてきます。難局に直面しても、踏んばって、もうひと粘りできるようになるのです。〝粘り〟が仕事の強い武器になることはいうまでもないでしょう。

どうぞ、コツコツ主義を貫く自分であってください。

「立場」に対する劣等感の払拭法

～中小の組織にいるほうが鍛えられることも多い

「寄らば大樹の陰」という言葉があります。

コロナ禍によってそのことを実感した人が少なくないかもしれません。たくさんの企業が多大な経済的ダメージを受けましたが、やはり、公務員や大企業の従業員は、〝守られている〟という印象を誰もがもったのではないでしょうか。

たしかに（企業体としての強度や待遇面での）安定感という点では、役所や大企業に大きなアドバンテージがあります。

中小・零細企業は、はるかに脆弱《ぜいじゃく》です。そのことに対する劣等感をもったとしても、無理はないのかもしれません。

しかし、そのことはひとまず措いて、ここで仕事へのかかわり方ということにフォーカスしてみましょう。**規模が大きな組織は、自分の裁量で、やりたいことができるのでしょうか。**

たとえば、自分の発想やアイディアをかたちにしたいと考えたとき、大組織にはいくつもの関門があります。

企画書をつくって直属の上司に上げ、その上司がまた、その上に、そこからさらに上に……という具合で、最終的なゴーサインが出るまでに、何段階もの調整、検討、審査をクリアする必要があるでしょう。

一方、小さな組織であれば、かたちにするまでの流れはずっと簡便です。早い話、社長みずからが現場に立っているような組織なら、

「社長、今度こんなことをやってみたいんですが……」

そんな一社員の申し出に、

「おもしろそうじゃないか。よしっ、やってみるか」

と、一発回答が出ることだってあるはずです。

仕事は自己実現の場でもあります。

もちろん、大企業で与えられた自分の守備範囲の仕事を黙々とこなすことも大事ですが、自己実現の感覚を実感できるという面では、小さな組織に、断然、分があるといえるのではないでしょうか。

そのおもしろみ、楽しさ、やりがいは、規模の大きさに対する劣等感を拭い去ってあまりあると思いませんか。

危機的状況の際は、企業の団結が求められます。いわゆる、一丸となった態勢です。一概にはいえませんが、**団結力は小さな組織のほうが強い**という気がするのです。

社員全員が常に顔を合わせ、おたがいに支え合って、日々の仕事をしているような企業は、危機になったとき、全員が同じ方向を向いて、力を結集し、企業の業績を向上させるために努力することができるのではないでしょうか。

社員の数が数千人規模、あるいは数万人規模の大企業では、顔も知らない社員が大勢いるわけです。さらに、社内に派閥などもありそうですから、一致団結といっても、にわかには難しい。なかなか足並みがそろわないと思います。

企業には大小があり、それぞれ一長一短があるのです。

そして、自分は、いま、一つの企業に属している。大事なのはそこです。他の企業の「長」を羨んだり、自分の企業の「短」を憂いたりすることに、さて、意味があるでしょうか。

意味などまったくありません。**できることは、いま、自分がいる企業で、一生懸命やることしかないのです。** 社員それぞれが、その同じ思いで仕事に取り組めば、どんな状況にあっても業績を上げることは可能だと思います。

万々一、努力が実らず、倒産、廃業といった結果になったとしても、自分は精いっぱい尽くしたという自負があれば、そんな最悪の事態も恬淡《てんたん》として、受けとめることができるのではないでしょうか。そして、その自負は次に、必ず、活きます。

大樹の陰でただ胡座《あぐら》をかいて、難局が過ぎ去るのを待つより、たとえ、結果はともなわなくても、惜しむことなく力を尽くすほうが、ずっと、みごとな生き方である、とわたしは思っています。

情報に振り回されず鵜呑みにしない

〜『礼記』に学んで入ってくる情報を抑えよ

現代は高度な情報社会です。新聞、テレビといった従来のメディアからはもちろん、インターネット、SNS（ソーシャル・ネットワーキング・サービス）などの新たなメディアからも、ひっきりなしに情報が発信されています。

情報は、日々の生活と密接に結びついています。ですから、それらとどう向き合い、どう扱っていくかは、この時代を生きる人の必須の課題となっています。

まず、心得ておかなければいけないのは、情報は玉石混淆《ぎょくせきこんこう》であるということでしょう。もっといえば「玉」よりも「石」のほうがはるかに多いのです。いわゆる〝ガセネタ〟〝デマ〟の類いが横行している。

とりわけ、社会が混乱しているときは情報量が増え、また、錯綜します。コロナ禍のなかでも、いろいろなデマが飛び交いました。

新型コロナウイルスは熱に弱いため、お湯を飲めば死滅する。トイレットペーパーやティッシュペーパーの供給が途絶える。納豆が新型コロナウイルスに効く……。それらを真に受けて、やたらにお湯を飲んだり、トイレットペーパー、ティッシュペーパー、納豆を買いに走ったりする人が続出したわけです。

こうした例からもわかるように、情報に振りまわされやすいのが、現代人の特徴といっていいでしょう。**メディアリテラシーが求められます。その前提は、受けとる情報を絞るということです。**

自分の日常生活を考えたとき、ほんとうに必要な情報は、いったいどのくらいあるでしょうか。おそらく、そう多くはないはずです。

知らなければ生活に支障をきたす、知っておかないと生活が壊れてしまう、といった情報はほとんどないといっていいかもしれません。

もちろん、情報をすべてシャットアウトするのがいい、とまではいうつもりはありません。

しかし**「情報がなくても困らない」という感覚を、どこかでもっておくことは必要**ではないか、と思うのです。その感覚があれば、野放図に情報を入れてしまうということはなくなります。必要か、必要でないかを考えた選別がおこなわれるでしょう。入ってくる情報が絞られます。

その情報についても、鵜呑みにしないことです。穏当な表現ではありませんが、疑ってかかるのです。

発信元のたしかさ、一読した印象などが、真贋《しんがん》を見きわめる手がかりになるのではないでしょうか。もちろん、信用するに足らず、と判断したものは容赦なく捨てる。

情報を絞れば、そのぶん情報に振りまわされる危険は減ります。心がいたずらに乱されることがない、といってもいいかもしれません。情報には欲望を刺激して、心を騒がせる側面があるのです。

たとえば、グルメ情報。店の雰囲気は最高、味は絶品・極上……といったことを強く打ち出した情報に接したら「行ってみたい」「食べたい」という思い（欲望）が湧いてくるでしょう。そう、心が騒ぐのです。グルメにかぎらず、商品情報は例外なく、そうしたつくりになっています。危ない、危ない！

こんな言葉があります。

「入《い》るを量りて出《い》ずるを制す」

中国五経の一つである『礼記《らいき》』にあるのですが、収入をよく計算して、支出をできるだけ抑えよ、という意味で、財政の基本をいったものです。

これに倣えば、情報については「入るを制す（入ってくる情報をできるかぎり抑える）」ことが、振りまわされないための最大のポイントだといっていいでしょう。

〝一芸〟で自信をつける

～どれを一芸にするか、素材は周囲にいくらでもある

「何か一つでも自信がもてるものがあったら、人生が変わるのになぁ」

そんな思いになったことはありませんか。この時代、「これだけは誰にも負けない。絶対の自信がある」そう胸を張っていえる人は少ないのかもしれません。

しかし、自信をつけるのはそれほど難しいことではない、とわたしは考えています。

何か一つ、人より抜きん出るものをつくればいい。秀でた〝一芸〟をもてばいいのです。

「そうはいっても、自分の凡庸さはわかっている。抜きん出る何かなんて、とてもじゃないが、もてそうもない」

本当にそうでしょうか。

たしかに、仕事の能力、肩書き、収入といった面で突出することを考えたら、誰もがそうできるとはいえないでしょう。もって生まれた資質の違いもあるでしょうし、自分が置かれている環境や運などもかかわってくると思うからです。努力だけではいかんともし難いところがありますね。

しかし、もう少し視野を広げてみたらどうでしょう。**一芸をもつことは十分できると思うのです。**

たとえば、仕事では得意先とのコンタクトが大切でしょう。そのコンタクトを誰よりも密にとる。これなら、やる気になれば、誰にでもできるのではないでしょうか。

「お得意さんとの連絡を、自分ほど取り合っている人間はこの部にはいない。ここだけは誰にも負けない」

そう感じることができれば、立派な秀でた一芸です。これはたしかな自信につながると思いませんか。

あるいは、来客に心を込めてお茶を淹れる。いつもそうしていたら、たびたび訪れる来客の口から、こんな言葉が出そうです。

「こちらでいただくお茶はとてもおいしいですね。お邪魔するたびにそう感じていたんですよ」

もちろん、それは本人に伝えられるでしょう。

「○○さん、いつもお茶を出してくれてありがとう。A社のB部長が〝おいしい〟ってほめておられたよ」

自信につながる一芸ですね。何でもいいのです。名刺を誰よりもたくさん配る。朝、誰よりも早く出社する。メールの返信を誰よりも早く送る……。一芸にする素材は周囲にいくらでもあるはずです。

仏教の世界にもこんな話が伝わっています。お釈迦様の弟子の周利槃特《しゅりはんどく》にまつわるものです。

周利槃特はお釈迦様の弟子のなかで、もっとも愚かだと見られていた人です。周囲の弟子たちにもバカにされていました。みずからもそれを認めていた槃特は、あるとき、お釈迦様に弟子をやめたい、と告げます。

お釈迦様は「おまえのいちばん好きなことはなんだね」と尋ねます。「掃除が大好きです」と答えた槃特を、お釈迦様はこう諭すのです。

「それでは、その大好きな掃除をしなさい。そして〝塵を払い、垢を除かん〟と唱えなさい」

槃特はお釈迦様にいわれたとおり、来る日も来る日も掃除をつづけます。

そのひたむきな姿に、バカにしていた弟子たちの見る目もしだいに変わっていき、やがて、心から尊敬するようになるのです。

周利槃特は、のちに阿羅漢《あらかん》（最高の悟りにいたった聖者）となっています。

掃除という一芸に徹した周利槃特。徹することで自信どころか、周囲の尊敬まで得るようになったのです。

何か見つけて徹しませんか。そして、揺るがぬ自信を自分のものにしてください。

自分の欠点と上手につきあう

～まずは欠点を受け容れて、相手にも伝える

どんな人にも長所もあれば、短所、欠点もあります。そのことは誰もがわかっているのですが、なかには欠点が気になって仕方がない、という人もいるようです。

しかも、気になり始めると、心のなかでそれがどんどんふくれあがっていくから、やっかいなのです。

たとえば、吃音《きつおん》。うまくしゃべれない自分を意識し、それが気になり出したら、人前で話すのが躊躇《ためら》われるようになるかもしれません。仕事に影響が出ることはもちろんですが、プライベートな場面でも、人づきあいを避けるようになって、人間関係が築けなくなることにもなりかねないでしょう。

人生の潤いや彩り、喜びや情感は、人と人とのつながりで感じていくもの、人間関係のなかに見出すものである、とわたしは思っています。

その意味でいえば、みずから人づきあいを遠ざけてしまうのは、人生の大いなる損失といってもいいのではないでしょうか。

「しかし、吃音の自分を周囲が抵抗なく、受け容れてくれるだろうか？」

そんな思いでいる人がいるかもしれませんが、少し考え方が違うのではないか、と思うのです。

まず、**やるべきことは、周囲に受け容れてもらうことではなく、自分がそのことを受け容れること、**吃音の自分を認めることです。

受け容れる、認めるとは、吃音である自分を恥じたり、卑下したりしないこと、また、人に隠そうとしたりしないこと、といってもいいでしょう。できれば、吃音は自分の「個性」なのだというくらいに思えたらいいですね。あるいは、「話しグセ」だと受けとめておくのもいいかもしれません。

認めると、共存できます。吃音のある自分で、堂々と、また自然体で、生きていくことができるといってもいいでしょう。

そんな人を、周囲が受け容れないわけがないではありませんか。

人と対話をするときは、焦ったりせず、自分の言葉がいちばん伝わりやすいテンポや間合いでしゃべればいいのです。そして、吃音であることを率直に告げる。

「じつは、わたし、吃音があるんです。お聞き苦しいと思いますが、一生懸命話しますから、よろしくお願いしますね」

これで、相手は、必ず、聞こうとする努力をしてくれるに決まっています。

一生懸命な話し手と一生懸命な聞き手の対話。それが、実のあるものにならないはずはありません。


話すことでいえば、滑舌が悪い人も同じです。あらかじめ、

「わたし、滑舌が悪いものですから、おわかりにならないところがあるかもしれません。そのときは、遠慮なく聞き返してくださいね」

と断ってから対話を始めれば、コミュニケーションは支障なくおこなわれることになるでしょう。

欠点を直すための努力は、してしかるべきです。たとえば、ずぼらな性格などは、直す努力を重ねていけば、改善されていくものです。

「性格なんだから仕方がないだろう」

などと開き直るのは明らかに筋違いですから、そこは注意していただかなくては困ります。しかし、**努力ではどうにもならないことは、その欠点も含めて「自分らしさ」なのだ、と考えればいい**のです。

そして、自分らしくふるまう。自分らしく生きる。それ以上の欠点とのつきあい方はありません。

“同情癖”を前向き思考に変える

～「日本一の下足番」が自分を卑下するはずがない

困っている人、つらい立場にいる人に「同情」できる。それは人として好ましい資質だと思います。

日本で曹洞宗《そうとうしゅう》を開いた道元《どうげん》禅師がおっしゃった言葉に「同事《どうじ》」というものがあります。その意味は、相手と同じ立場になって考える、ということです。同情という感情、思いの根底にあるのは、この同事の心だという気がします。

もっとも、同情も、その対象が自分ということになると、ずいぶん話は変わってきます。

たとえば、こんな人。

「いつも与えられるのは裏方仕事ばっかり。なんで、自分だけがこんな惨めな日に遭わされるんだろう」

「みんながやりたがらない仕事は、決まって自分にまわってくる。これって、あまりに可哀想すぎやしないか」

表舞台に立てない自分、めんどうな仕事を押しつけられる自分に、おおいに同情しているわけです。**この状態、言葉を換えれば、自分で自分にレッテル貼りをしていることになりませんか。**

つまり「惨め」「可哀想」というレッテルを貼ってしまっている。みずから貼ったレッテルは強固です。惨めさ、可哀想な状態が深まっていくばかりとなるのです。気持ちはどんどん後ろ向きになります。

たしかに、意に染まないと感じる仕事はあるでしょう。では、意に染まないとしているのは誰なのでしょう。自分ではありませんか。

それを、やりたがらない仕事、めんどうな仕事、と決めつけているのは、ほかの誰でもない、自分自身でしょう。

もっといえば、自分の勝手な判断、自分のご都合主義が、そうしているのです。

どんな仕事であっても、指示されたもの、命じられたものは、自分が「やるべき」仕事なのです。

やりたくなかろうと、めんどうだろうと、指示、命令された以上、これはやるしかありません。

「やるしかない！」

まず、そう腹を括りましょう。

すると、そこに楽しみを見出すすべも見えてきます。自分流（自分の色）に仕上げる、というのがそれです。

「よし、ほかの誰にもマネができない仕上がりにしてやる」

その思いをもって仕事に臨めば、工夫が生まれます。アイディアも盛り込まれる。仕上がりは平均点を超えて、二割増しにも、三割増しにも、なるはずです。周囲もそのことに気づきます。

「この資料（資料づくりが、みんながやりたがらない仕事というわけではありません）、ものすごく見やすいね。やっぱり、○○さんがつくってくれたのか。さすが、○○さんの仕事はひと味違うね」

という具合です。**そんな評価が、さらに高いスキルが求められる仕事に、自分を引き上げてくれることは、いうまでもないでしょう。**

言葉を一つ紹介しましょう。

「下足番を命じられたら、日本一の下足番になってみろ。そうしたら、誰も君を下足番にしておかぬ」

阪急東宝グループの創業者・小林一三《こばやしいちぞう》さんが残したものです。けだし名言。〝日本一〟は〝自分流〟の最高到達点でしょう。

この言葉で思い出すのが、ホテルオークラで駐車場係を長くつとめた人のエピソードです。**その人はホテルの常連客の車を、ナンバーまですべて記憶していたのです。**その数、数千とも聞いています。

そして、常連客がクルマから降りると、

「○○様、いつもありがとうございます。お元気でいらっしゃいましたか?」

と声をかける。常連客の気持ちは容易に想像がつくところです。自分の名前を憶えていてくれたと知れば、心地よいことこの上なし、でしょう。

「定宿は絶対オークラ」の思いを強くしたのは間違いありません。

自分に同情している場合ではありません。自分流をきわめましょう。

第三章

あなたはあなた、他人は他人
シンプルに考えればうまくいく

みんなちがって、みんないい

～わが子と比較せず、隣家の子も祝福できる人になる

人間関係のなかで起きやすいのが、人と自分を比較してしまうということかもしれません。たとえば、こんなケース。

隣家の子どもが私立の進学校に合格した。一方、同じ歳の自分の子どもは、残念ながら、受験に失敗して公立中学に通うことになった。その事実を、そのまま受けとめていればいいのですが、そこは、比較せずにいられなくなるのが、人情というものなのでしょう。

その結果、彼我《ひが》の子の〝できの違い〟を見せつけられたように感じ、心穏やかではいられなくなる。それまでは、会えばにこやかに挨拶を交わしていたのに、その一件以降、

なるべく顔を合わせないようにする、といったことにもなるのではないでしょうか。

自分は自分、他人は他人。

隣家の子どもとわが子は違う、ということは重々わかっています。しかし、頭でわかってはいても、感情、気持ちはなかなかに制御し難いのです。

次の禅語を知ってください。


「春風無高下　花枝自短長（しゅんぷうにこうげなく　かしおのずからたんちょう）**」**


うららかな陽射しが降り注ぎ、春の気配はあたり一面に、あまねく漂っている。しかし、さまざまな花の枝には短いものもあり、長いものもある、というのが言葉そのままの意味です。

この禅語がいわんとしているのは、**春はどんな木々にも等しく訪れ、春風は一様に吹くのであるが、花がつく枝には短いものもあり、長いものもあって、その枝ぶりの違いによって、花を咲かせる時期は変わってくるのだ**、ということでしょう。

長い枝の花は、いち早く陽射しを浴び、春風を受けて、すばやく開く一方で、短い枝の花は、陽射しの浴び方もゆるやかで、開く時期が遅くなったりするのです。それは自然の摂理です。

人も、また、同じではないでしょうか。開花時期が早い子もいれば、遅い子もいて当然なのです。ですから、受験に合格した隣家の子どもは、たまたま、開花が早かったということですね。それ以上でも以下でもありません。

一方、わが子はこれから開花を迎えようとしているのです。じっと見守りながら、その時期を待てばいい。それだけのことではありませんか。

受験の合否という一点だけにこだわってしまうのは、あまりに近視眼的見方ですし、長期的な視野にも欠けます。長い人生です。待つ楽しみを味わう時期があってもいいではないですか。

詩人の金子みすゞさんの作品に、こんな一節があります。

「みんなちがって、みんないい」

子どもは一人ひとり開花の時期が〝違う〟のです。もちろん、早く開花する子がまさっていて、花開くのが遅い子が劣っているなどということは、まったくありません。それそれが開くべきときに開くから、どの子も〝いい（すばらしい）〟のです。

　こんないい方があります。

「子どもの頃は神童、長じてみたらただの人」

　世の中にはいくらでもあることです。むしろ、そんな人のほうがずっと多いのではないでしょうか。この一事をとってみても、目先のことについて、あれこれ比較をして、心をへこませたりするのは、バカげていると思いませんか。

「わが子は大器晩成型なのだ。うん、間違いない、間違いない！」

　そう思っていたら、心は安らか、穏やかです。隣家の住人にも、

「お子さんおめでとう。よかったわね。よくがんばっていたもの。隣のおばさんも喜んでいたって伝えてね」

　そんな声がかけられますね。素敵な隣人同士、いい関係ではありませんか。

〝見返り〟より素敵なものに気づく

～功徳を求めず密《ひそ》かに積むことで〝徳〟はいっそう輝く

誰かが自分のために何かをしてくれる。あるいは、逆に自分が誰かのために何かをしてあげる。どんな人も経験していることだと思います。その経験のなかでも、おたがいに心があたたかくなったり、清々しくなったりすることがある。

「なるほど、〝Ｇｉｖｅ＆Ｔａｋｅ〟の精神ってやつだな」

たしかにそうですが、禅は少し解釈が違うのです。こんな言葉があります。

「受けた恩は石に刻み、与えた情は水に流せ」

していただいたことは、しっかり胸に刻んで、けっして忘れることがあってはならない。その一方で、自分がして差し上げたことは、その場で忘れてしまいなさい、というのがその意味です。

さあ、いかがでしょう。「Ｇｉｖｅ＆Ｔａｋｅ」とは、少しニュアンスが違いますね。**平たくいえば「見返りは求めるな」ということです。**

人は無意識のうちに、自分がしたことに対する見返りを求めがちです。たとえば、夫婦間では、

「わたしはいつも、いつも、夫のためにこんなに尽くしているのに、夫は食事の後片づけさえ、一度だって手伝ってくれたことがない」

恋人同士の間では、こんなことがありそう。

「先月の彼女の誕生日はがんばったなぁ。一流フレンチを奮発したし、プレゼントだって、かなり張り込んだ。来月は自分の誕生日。彼女はどんなお返しをしてくれるんだろう。これは、期待が高まるぞ」

前者は「尽くしたこと」への見返り、後者も「してあげたこと」に対する相応の見返りを求めているわけです。求めたら、それが返ってこなかったとき、不満を感じることになります。

禅宗の祖である達磨《だるま》大師のエピソードを一つ紹介しましょう。

達磨大師が中国にわたったときのこと。そのことを聞きつけた、当時の最高権力者であった梁の武帝が、大師を宮中に招き、禅問答をします。ちなみに、武帝は仏教に造詣が深く、その隆盛にも力を尽くした人です。

「わたしは、即位してからというもの、寺院をつくり、写経にも取り組み、また、僧たちにも多大な協力をしてきた。さて、そんなわたしにはどんな功徳があるのか？」

この問いに対して、達磨大師はこともなげにこう答えます。

「**無功徳**《むくどく》」

功徳などいっさいない、ということですね。

武帝の落胆は察するにあまりあります。達磨大師から、最高レベルの賛辞、感謝の言葉が聞ける、と信じて疑わなかったに違いないからです。

大師はどのような意図をもってこの言葉を発したのでしょう。もちろん、武帝の仏教に対する貢献を認めなかったわけではないでしょう。

しかし、功徳、すなわち、見返りを求めたら、禅の風光から外れてしまう。

自分がした善行（与えた情）**は、ただちに水に流してこそ、禅の生き方なのである。**

達磨大師は、無功徳の一言で、そのことを伝えようとしたのです。

仏教にはこんな言葉もあります。

「陰徳を積む」

徳を積むのであれば、人に知らせず、ひそかに積むのがよい、それが尊いのだ、ということをいったものです。

災害の際には被災地に義援金を送る人がいます。このコロナ禍のなかで、医療従事者への支援をしたという人もいるでしょう。

しかし、そのことはいわぬが花なのです。**公言、吹聴の類いは戒めることで、徳はいっそう輝く。**それは、ぜひ、心にとめておいてください。

自分がしたことで（たとえ、言葉や表情であらわさなくても）人が喜んでくれる。幸せを感じてくれる……。それで十分ではありませんか。

誕生日を祝った相手からは、きっと、感謝の言葉があったはず。とびきりの笑顔になってくれたに違いありません。

感謝されることにまさる喜びがありますか。笑顔を返してもらえる以上の幸せがあるでしょうか。

相手のために何かをしただけで、すでに具体的な見返りを超える素敵なものをいただいているのです。そのことに気づきましょう。

すると、見返りなどという〝ちっぽけな〟ものにとらわれなくなります。「誰かのために、〜したい！」という思いが、もっと、もっと、湧いてきます。

羨望を嫉妬に〝変換〟させない

～エネルギーに変換できれば真逆の結果を得られる

学生時代の友人から転居を知らせるはがきがきた。転居先は、なんと、都内のタワーマンション。

「あいつ、タワーマンションに住んでいるのか。ちぇっ、いいなぁ」

たいがい、羨ましい気持ちになります。こんなケースもあるでしょう。同期入社の一人が課長に昇進した。これも羨望感が衝き上げてくる状況です。

人の立場や状況に対して、羨望するのは悪いことではない、あるいは、仕方のないことだ、とわたしは思っています。

問題になってくるのは、その感情をその後、どう〝変換〟させるかでしょう。

方向は二つあると思います。一つはこれ。

「あいつはタワマン暮らしで、おれはアパート住まい。なんでそうなんだ。チクショー、悔しい！」

羨望を嫉妬に変換させてしまっています。これはまずい。**嫉《そね》みも、妬《ねた》みも、自分を卑屈にさせるだけだからです。**

そこからの流れは明らか。自分を嘆き、憐れみ、友人と自分の差を時代のせいにしたり、その責任を社会に押しつけたり、といったことになるわけです。

禅が説くのは、日々の生活のなかに、自分を人間的に成長させてくれるものを見出すこと、どんなものごとでも、成長につながるような捉え方をすること、といっていいでしょう。

その生き方をするうえで、最大の邪魔者になるのが嫉妬だといっても、けっして過言ではありません。嫉妬は心の澱みであり、その澱みからはなかなか抜け出せないのです。**嫉妬に駆られて人生を棒に振るということも、世間では珍しくはないのではないでしょうか。**

もう一つの方向は、羨望を思考や行動のエネルギーにするというものです。

「タワマンか。あいつ、がんばったんだなぁ。よぉし、おれも気合いを入れ直さなきゃいけないぞ。ここはタワマン入手を目標にして、仕事で一踏ん張り、いや、二踏ん張り、三踏ん張りするか！」

「彼が課長に一番乗りか。いままで気づかなかったが、きっと、見えないところで努力をしていたんだな。負けてなんかいられないぞ。これは彼がくれた、いい機会なんだ。さあ、スキルアップのために勉強、勉強！」

羨望がエネルギーになっています。これなら、自分の成長につながっていくことは間違いありませんね。**羨望をどちらの方向に変換するかで、大きく違った生き方、人生になるのです。**

嫉妬は、人間関係にも影響をおよぼさずにはいません。

友人に嫉妬したら、関係はそれまでのものとは変わっていきます。ときには酒を酌み交わし、忌憚《きたん》なくものをいい合える間柄だったとしても、嫉妬の対象になるのと同時に、その友情は軋《きし》み始めるのではないでしょうか。

たとえ、表面上は繕ったとしても、それまでのように、腹から笑い合ったりはできない。相手もそれを感じるでしょうから、しだいに会う回数も減り、疎遠になって、関係が断ち切れてしまうことも考えられます。

嫉妬によって友人を失うという、悲しい、愚かな構図です。

同僚に対する嫉妬も、関係を変えます。もしかしたら、相手の足を引っ張ることを画策するようになるかもしれませんし、よからぬ評判をみずから吹聴してまわる、といったふるまいに出るかもしれません。嫉妬が悪しき行動を唆《そそのか》すのです。

もちろん、相手との関係はギクシャクしたものになりますし、そうした行動をとっていたら、周囲から向けられる視線も厳しいものになりそうです。

嫉妬は百害あって一利なし、です。変換の方向を誤らないでください。

親子の「かかわり方改革」に着手する

～週に一度の食卓やオンラインを活用しよう

子どもをもつ親たちに、子どもはいつが一番可愛いと思えたか、という質問をしたら、どんな答えが返ってくるでしょうか。

実際に統計をとったわけではありませんから、たしかなことはいえませんが、「一歳から三歳」という答えがもっとも多いような気がします。

もちろん、子どもが可愛いという気持ちは、その後も変わらないのだと思いますが、成長するにつれて、かかわり方が難しくなってくるのは、親の誰もが感じているところではないでしょうか。

「近頃、ちっともいうことを聞かなくなった。口ごたえはするし、叱れば、そっぽを向く。まったく、どうかかわったらいいかわからない」

子どもの年齢がいくつであれ、そのときの親子関係は、生まれてからそれまでのかかわり方の〝集大成〟です。

まさにケース・バイ・ケースですから、いい関係にもっていく方法は、それぞれが考えるしかないのですが、そのとっかかりになる提案を一つしたいと思います。

週に一度は家族全員が顔を合わせて食事をする。これがわたしの提案です。

家族構成によっても違うと思いますが、家族がそろって食卓につき、食事をする機会はほとんどない、というのが実情ではないでしょうか。

親が忙しいのはもちろんですが、子どもも中学生、高校生になれば、部活や塾、習い事などで、けっこうスケジュールは過密です。家族の食事をする時間がマチマチになるのも仕方のないことでしょう。

そのなかで、あえて、週一回の家族での食事をルール（習慣）にするのです。それぞれが繰り合わせれば、いっしょに食事をする時間をつくることは可能なはずです。

子どもたちから文句が出ても、ここは、親の〝職権〟を行使してかまわない、とわた

しは思っています。

「これはルールにする。必ず、守ってもらわなければ困る」

そう宣言しましょう。

「同じ釜のメシを食う」という言葉があるように、食卓を囲んで家族全員が同じ食事をとることは、硬直化していたり、ゆがんでいたりする関係をほぐすのにうってつけです。

しだいに会話も交わされるようになり、それぞれの近況を知ることもできるでしょう。親子間のかかわり方改革のきっかけには十分なると思うのですが、いかがでしょうか。

高齢化社会が加速するいま、高齢となった親がいうことを聞いてくれない、というケースも増えているのではないでしょうか。

典型的なのが、運転免許証の返納をすすめても、頑として首をタテに振らない、というケースかもしれません。

高齢者の運転事故は、しばしばメディアで報じられますし、大事にいたることも少なくありません。子どもとしては気がかりでならない、というのが本音でしょう。

一方で高齢者には、自分は長く人生経験を積んできて、分別もあるし、正しい判断もできる、という思いがあります。それが、周囲（子どもたち）の意見に耳を貸さない一因にもなっているのでしょう。

また、運転についていえば、まだまだ、自分の運転技術はたしかだという思い込みもあるのではないでしょうか。おそらく、事故を起こしてしまった高齢者のほとんどには、その思い込みがあったはずです。

さて、どう〝説得〟したらいいものでしょうか。

ここは一度、親の立場になって考えてみることが必要だという気がします。親は運転免許証の返納を迫ってくる子どもたちの声をどう受けとめるか。

「ふだんは滅多に顔を見せるわけでもないし、電話で連絡さえしてこない。そんな息子（娘）にいきなり、免許証を返納すべきだといわれたって、『わかった、おまえがそういうのなら、そうするよ』と頷くわけにはいかない」

これが、親側の本音かもしれませんね。**説得のカギを握っているのは、やはり、日頃のコミュニケーションのとり方ということになるのではないでしょうか。**

定期的に孫を連れて顔を見せるし、電話でおたがいの様子も知らせ合っている。親子間にそうしたコミュニケーションが成立していれば、説得は比較的容易ではないかと思うのです。

親が運転する車に乗った際に、

「おとうさん（おかあさん）、最近、クルマの運転がたいへんになってきたんじゃない？そろそろ、免許を返すべきかもしれないね」

そんなふうにいえば、

「そうだな。それじゃあ、そうするか。心配してくれてありがとう」

ということにもなると思うのです。

これまではコミュニケーション不足だったと感じている人は、コロナ禍に〝乗じる〟のはどうでしょう。リモートワークが推奨されたことでＺｏｏｍが一気に普及し、ＬＩＮＥのビデオ電話も活用頻度が格段に増えています。

それらを使って親子間でコミュニケーションをとるようにする。親にパソコンをプレゼントして、Ｚｏｏｍを始めるというのもいいかもしれませんね。

これまで疎遠だったとしても、そこは血のつながっている親子です。一定間隔で顔を〝合わせる〟ことを習慣にするのも、そう難しいことではないのではないでしょうか。そして、そうなったら、親も「聞く耳」をもってくれるはずです。

嫌いな人に対する〝色眼鏡〟の外し方
〜「内省」「検証」、それでも外れない場合は……

仕事でストレスを感じる原因の一つは、関係者のなかに「できればつきあいたくない人」がいる場合でしょう。プライベートであれば、そんな人とは距離を置いて、つきあわなければいいわけですが、仕事となるとそうはいきませんね。

これには、いくつか対処法がありそうです。

まず、内省です。つきあいたくない人と思っているのは、自分の都合を優先しているからではないか、ということを考えてみるのです。

たとえば、連絡のメールを送っても、いつも返信が遅い。

もちろん、メールにすぐ返信することは、ビジネスパーソンとして、わきまえておくべき心得とはいえます。しかし、仕事に支障が起きない範囲であれば「即返信」は、厳守事項ではありません。

返信が遅いことを理由に「仕事をする態度としていかがなものか。そういうずぼらな人とは、できればつきあいたくない」とするのは、あまりに自分の都合を優先し過ぎていないでしょうか。

あるいは、自分の意見にいつも反対する。たしかに、意見に賛同してくれる人は、つきあいやすいかもしれません。しかし、これもご都合主義でしょう。どんな意見も、絶対に正しく、反論の余地がないなどということはないのです。

また、その反論もよくよく聞いてみると「たしかに、一理あるな」ということがほとんどなのだと思います。自分の都合から離れれば、その一理を認めることができます。

それは、つきあいにくさの緩和につながるはずです。

二つめは、思い込み、決めつけがないかの検証です。

人には、いったん嫌な部分を見てしまうと、そこに視線が集中してしまうところがあ

ります。ある人に対して、

「いまのいい方は乱暴だな。こんないい方をする人なんだ」

そう感じると、そこからは、乱暴な言葉づかいにばかり、意識が向くようになるのです。そして「ほら、また、乱暴ないい方をした」という〝あら探し〟をすることになって、その人の印象が、そこで固まってしまうわけです。

すると「乱暴ないい方をする人」という〝色眼鏡〟を通してしか、その人を見られなくなります。**人は多面的ですから、さまざまな面があるのに、別の面が見えなくなるのです。思い込み、決めつけの怖さです。**

色眼鏡を外しましょう。そのことによって、必ず、見えてくるものがあります。言葉は乱暴でも、心根がやさしい人はいます。男気にあふれている人もいるでしょう。気配りができる人だっている。

やさしさ、男気、気配り……といったいい面が見えてきたら、印象が変わらないはずがありません。それでも、まだ、その人はつきあいたくない人の枠に入ったままでしょうか。そんなことはないですね。

「内省」「検証」しても、なお〝枠内〟に居つづける人がいるかもしれません。

そこで、三つめの対処法です。次の禅語がそれを教えてくれます。


「悟無好悪（さとればこうおなし）」


悟ってしまえば、好きも嫌いもなくなる、という意味です。

その悟るということを、こんなふうに解釈するのです。**「そういう人なのだから、仕方がない」**と受け容れてしまう。


たとえば、立場が下の人に対して横柄な態度をとる人で、それがつきあいたくない最大の理由だとしたら、

「（横柄な態度しかとれない）そういう人なのだ。そんな幼稚な自己主張しかできないのだから、まあ、受け容れるより仕方ないか」

と考えるのです。それで、相手は好きとか、嫌いとか、という感情を抱く以前（対象外）の人になります。つまり、好きも、嫌いも、なくなるのです。

いかがでしょう、そんな人とは、余裕をもって〝つきあえる〟ようになる、と思いませんか？

勝っても、負けても、所詮「あわ」

～肩書きや社会的立場は一時的なものでしかない

こんな言葉があります。

「隣の芝生は青い」

よく使われる表現ですから、意味はご存知だと思いますが、他人のものは自分のものよりよく見える、ということですね。

これも自分と他人を比べることによって生じる感覚ですが、どうやら、**自分の手もちカードに関しては、劣勢に受けとるという傾向がある**ようです。まず、そのことを頭に置いておいてください。

プライベートな場面でのおつきあいで、何かと気を使う、気苦労が多いのがママ友間のそれだといわれます。いうまでもありませんが、子どもが同じ保育園や幼稚園、小学校に通っている母親同士がママ友です。

子どもの送り迎えで顔を合わせることも多いでしょうし、少し親しくなったら、お茶を飲んだり、ランチをしたりする、というのがママ友間のおつきあいのスタンダードなのでしょう。

そこでは家族のことが語られ、おたがいにそれぞれの家庭内事情に通じることにもなるわけです。

「Aちゃんママはいいわね。ご主人が一流企業の部長さんだもの。幸せよぉ」

「Bくんママのご主人、三〇代で起業なさったんだって。事業もうまくいっているそうだし、すごいわねぇ」

そんな〝情報〟に接すると、ただでさえ青かった隣の芝生が、いっそう青さを増すことになります。

一流企業の部長でもなく、起業しているわけでもない、わが夫を思い浮かべて「負けた!」。敗北感がキュンと胸を締めつけたりする。

Aちゃんママ、Bくんママの胸の内を想像すれば「勝った！」という優越感にしばし酔う、といったところでしょうか。

さて、この〝勝負〟の土俵はどこでしょう。肩書き、社会的立場がそれです。

もちろん、努力した結果、それらを手にしたことは、立派とも、みごとともいえるでしょう。しかし、禅はこんなふうに考えます。

そのときついている肩書き、得た社会的立場、あるいは、財産、名誉……といった諸々は、人生の一時期にたまたまとっているに過ぎない。 たとえてみれば「泡沫《うたかた》」のようなものなのである。

水面に浮かぶ泡は、いつ消えるとも知れません。 実際、肩書きや社会的立場を瞬時に失ってしまうといったことは、けっして珍しくないのではありませんか。

一つのミス、失態によって、部長の椅子を奪われ、閑職に追いやられた。起こした会社の業績がふるわなくなり、倒産やむなきにいたった……。そうした例をあげたら、それこそ、枚挙にいとまがありません。

そもそも、勝ち負けを競っているのは「泡沫」なのです。

あっちの泡は大きいといって、少々、妬ましく思い、こちらの泡は小さいといって、ちょっとした屈辱、敗北を感じるなんて、滑稽な図だと思いませんか。

ママ友が集まれば、その種の話題が出ることもあるでしょう。そんなときは、土俵に上らず、観客目線で見ていたらどうでしょう。

「あっ、〝泡〟の話が始まったわ。きょうの勝負はどうなるのかな？」

というくらいの気持ちでいたらいいのです。そうすれば、余裕をもって、穏やかに、その時間を過ごすことができるはずです。

「おまえ」「おれ」の間柄に惨めなんかない

～自分が窮状にあるなら率直に話したほうがいい

学生時代の友人たちが集まる同級会、同期会は、日頃、仕事や人間関係のなかで背負っているさまざまな荷物を下ろして、〝素〟の自分になれる場かもしれません。

「それは綺麗事。そのときの自分の社会的な在り様、立場によって、その会が楽しくも、つらくも、惨めにもなるんじゃないか」

たしかに、会社でいいポストに就き、生活も安定していれば、会は楽しいものとなるでしょう。

一方、リストラされて次の就職先も見つからない、生活も不安でいっぱい、という状態であったら、会に出席してもつらいばかりで、出るのが躊躇《ためら》われるということもあるかもしれませんね。

夭折の歌人、石川啄木にもこんな一首があります。

「友がみな　われよりえらく　見ゆる日よ　花を買い来て　妻としたしむ」

自分より、はるかに立派に見える友人の存在をまのあたりにすることは、自信を失わせることにもなるでしょうし、切ない羨望感を抱かせることにもなるのでしょう。

そして、何より寂しさが胸に迫ってくるのではないでしょうか。

啄木が、帰途に買い求めた粗末な花を妻と眺めることに求めたのは、かすかな、あるいは、ささやかな、心の慰めと癒やしだったでしょうか。

古い友人との久しぶりの再会は、懐かしさ、楽しさ、喜びにひたらせてもくれるし、寂しさ、惨めさをもたらすものでもあるようです。

また、実際に顔を合わせなくても「○○はすごいぞ。同期の出世頭で、いまはニューヨーク勤務だそうだ」といった友のサクセス・ストーリーを耳にするだけで、惨めな気持ちになることもありそうです。

しかし、学生時代（小、中、高、大）**の友人たちとのつながりには特別なものがある、と**

わたしは思っています。

利害関係がまったくないところで結ばれた縁である、というのがそれです。そのことが基盤になっている関係なのです。例外なしとはいいませんが、社会に出てからどんな仕事についていようと、どのような状況、境遇にあろうと、基盤が揺らぐことはないのではないでしょうか。

ですから、そうした友人たちが集まる会には、躊躇ったりしないで、出席したらいいと思うのです。そして、素の自分を語ったらいい。

こんな短い禅語があります。

「露《ろ》」

すべてが露《あら》わになっていて、どこにも隠すところがない、という意味です。見栄を張ったり、体裁を繕ったりする必要はないのです。自分が窮状にあるなら、それを率直に話したらどうでしょう。

「このご時世だろ。おれリストラされちゃって、まいったよ。いま、必死で求職活動中ってやつさ」

その率直さに呼応する声があがる可能性は十分あるのではないか、とわたしは思っています。

「おまえ、たしか、ずっと経理畑だったよな。おれの知り合いに経理を見てくれる人間を探している経営者がいるんだ。小さな会社だが、一度、その人に会ってみるか？　条件が合わなかったら、断ってくれてぜんぜんかまわないから……」

そんな展開になるかもしれません。かりに、

「それはたいへんだな。だが、正直いって、おれは力になれそうもないな。申し訳ない。とにかくがんばれ！　おまえなら大丈夫だ、なあ、みんな」

周囲の声が、そうであってもいいではありませんか。そこに惨めさを感じる自分がいるでしょうか。元気をもらえる。利害を超えた「おれ」「おまえ」の関係は、そういうものだと思っています。

親きょうだい、親戚との関係、究極の腹の括り方

〜最悪の事態として〝村八分〟のつきあい方もアリ

人間関係のなかで、もっとも〝濃い〟のは、いうまでもなく、親子きょうだい関係、そして、親戚関係でしょう。血縁、血のつながりという、断ち切ることができないものを通して成立しているからです。

親子きょうだい、親戚も含めて、波風が立つことなく、いい距離を保ってつきあっているのが理想ですが、現実はそううまくいくものではないのかもしれません。

たとえば、親子が疎遠になったり、きょうだい間でいがみ合ったり、親戚づきあいがギクシャクしたり……。そういった何らかの問題を抱えているのが、一般的な血縁関係といってもいいのではないでしょうか。

とくに配偶者ができると、関係は複雑になります。

配偶者は、もともとは血のつながっていない他人ですから、血縁関係のなかでも位置どりが難しいといえるでしょう。たとえば、長男の嫁が、機転が利き、テキパキと動くタイプで、親族が集まった席でも、それを発揮したとします。

さて、その評価はといえば、これは分かれると思うのです。

「よくできたお嫁さんじゃないか。あそこまで気が利く人なら、○○（長男）も安心して、家庭をまかせていられるね」

これは好評価ですが、一方、それに真っ向から対立する評価も出かねないのが、濃い関係のやっかいなところです。

「なぁに、あの人。何から何まで仕切っちゃって。嫁という立場がわかっていないいんじゃないの。あんなんじゃ、○○（長男）も、家では気が休まる暇がないわね。可哀想に」

これは極端に過ぎるかもしれませんが、少なからず、毀誉褒貶《きよほうへん》相半ばするというのが、この〝特殊な関係〟に共通していることではないかと思います。

嫁姑、舅嫁、長男の嫁と次男、次男の嫁と長男、長男の嫁と次男の嫁……などなど、個別の関係については、それぞれ適切な距離感を探っていくしかありません。

ですが、究極の腹の括り方はあるように思います。

みなさんも「村八分」という言葉を聞いたことがあるのではないでしょうか。地域共同体における共同作業のうち、葬儀の世話と消火活動という二つの作業（二分）以外は、いっさいかかわりをもたない（八分）という、いわば、制裁措置のことです。

現在、消火活動は地域の共同作業とはいえませんから、祝い事がそれにとって代わると考えるのがいいかもしれません。

つきあうのが耐え難いほどの大きな負担になっている血縁者であったら、弔事と慶事のみでかかわり、それ以外はかかわらない。すなわち〝村八分〟感覚でつきあっていくのも一つの方法。いってみれば、これは、やむにやまれぬ苦渋の選択、最終的な苦肉の策ですね。

もちろん、そこまで関係が悪化しているケースは、現実にはほとんどないのだと思います。「究極」という言葉を使った理由もそこにあるのですが、**その究極のところで腹を括ったら、関係がよくない血縁者とも、それに見合ったつきあい方ができる**のではないでしょうか。

こんな言葉があります。

「最悪の事態を想定していれば、問題は解決する」

最悪の事態の想定が究極の腹括りです。そうしていれば、血縁者とのつきあいで感じる負担も軽減されるのではないかと思います。

繰り返しになりますが、血縁者それぞれが適切な距離感をもって、上手くつきあっていくのが理想です。それに近づけるために努力することは、それぞれの必須課題です。それは忘れないでくださいね。

「自分は嫌われている」は、多分に思い込み

～確認すれば瞬時に解決する。即確認の勇気をもとう

自分は周囲にどう思われているのか。そんなことはただの一度も考えたことがない、という人はいないでしょう。自分とかかわっている人の自分を見る目、自分に対する評価は誰もが気になるところです。

とくに相手の雰囲気や態度がふだんと違っていたりすると、気がかりはグッと深まることになりますね。

たとえば、挨拶をしたのに、相手からは返ってこなかった、といったとき、

「あれっ、おかしいな。何か怒っているのかな。自分が気を悪くするようなことをいったんだろうか。もしかして、嫌われている？」

いったん不安に駆られたら、それがだんだんふくらんでいきます。そうなると、もう止まらない。疑心暗鬼に一直線です。

いまはＬＩＮＥなどのＳＮＳがコミュニケーションの主要ツールになっている感があります。そこでこんなケースもあるでしょう。ＬＩＮＥ仲間には飲み会の連絡が送られているのに、自分には送られてこなかった。

後日、そのことを知ったら、これはかなり堪《こた》えます。自分だけが仲間外れになっているのではないか、自分は仲間から嫌われているのではないか、という疑心が湧いて当然でしょう。

しかし、疑心暗鬼の大半は自分の思い込みによるものだという気がするのです。そんな気持ちになったときは、次の禅語を思い出しましょう。

「莫妄想《まくもうぞう》」

妄想することなかれ、妄想してはいけない、というのがその意味です。思い込みは、まさしく妄想です。自分が勝手に「嫌われている」と思い込んでいる、妄想しているわけでしょう。

解決策はきわめてシンプルです。ことのしだいをたしかめればいい。

挨拶が返ってこなかった相手に、直接、確認するのです。

「挨拶を返してくれなかったけど、何か理由があってのことなの？」

きちんと人間関係が築かれている相手であれば、こちらの挨拶を無視するということは、まず、あり得ません。

「えっ、挨拶しなかった？　考えごとをしていて、気づかなかったんだ、きっと。いま、ちょっと難しい案件を抱えていてさ。ごめん、ごめん」

おそらく、そんなところに決着するはずです。

飲み会の連絡がこなかったときも、仲間の一人にでも聞いてみればいいのです。

「この前の飲み会の連絡、ぼく（わたし）にはこなかったんだけど、どうして？」

こちらも、単純な連絡ミスであったり、〝好意的な理由〟があってのことであったり、という事実が確認できるのではないでしょうか。

「このところずっと、キミが忙しいと聞いていたから、今回は遠慮して、声をかけなかったんだ」

といった具合。**一人で思い悩んでいても、妄想を振り払うことはできません。**確認するという打つべき手があるのですから、即刻、そうするのがこの場合の最良の手段でしょう。

もちろん、敬遠される理由があるということも考えられなくはありません。

たとえば、何げなくいった言葉が相手を傷つけてしまった、相手との間に何か誤解が生じている、などのケースです。

こちらも「直談判」以上に有効な解決策はありません。面と向かって話をすることで、自分に非があれば詫びることもできますし、誤解を解くこともできるのではないかと思います。

第四章

目の前の景色に気づく
いまの、たしかなものを大切に

知り合いを増やしても人脈にはならない

～「本気で」苦楽をともにすることではじめて人脈となる

いい仕事をするためには、自分の能力、スキルを高めることが大切ですが、もう一つ、ものをいうのが人脈でしょう。幅広い人脈は財産ですし、自分の可能性を広げることにもつながります。

ただし、人脈については、考え違いをしている人が少なくないように思います。こんな人がいませんか。

「名刺交換をした人は、数百人はいるな。ＬＩＮＥでつながっている人も、軽く一〇〇人は超えている」

数自慢です。しかし、ちょっと待ってください。そうした相手はたしかな人脈としてカウントできるのでしょうか。

質問を変えれば、自分が岐路を迎えたり、窮地に立ったりしたとき、親身になって相談に乗ってくれたり、手を差し伸べてくれたりする相手ですか？

数自慢も怪しくなってきたのではないでしょうか。

そう、名刺を交換したくらいで、ＬＩＮＥがつながっているからといって、人脈と考えるのは大きな考え違い、勘違いなのです。ただの知り合いと人脈に連なる人は、まったく別物。

まず、そのことをはっきり認識しておく必要があります。

人脈と呼べる関係性になるには、体験の共有が欠かせない、とわたしは考えています。

キーワードは「苦楽をともにする」です。

同じプロジェクトのメンバーとして、長期間にわたって必死に仕事をしてきた。ときには熱っぽく議論を重ね、挫折をともに味わい、成功の美酒も汲み交わした……。苦楽を友にしたそんな相手は、間違いなく人脈に連なります。

腹を割って話ができるでしょうし、こちらに何かあれば、必ず一肌脱いでもくれる。もちろん、立場が逆であれば、こちらも同じことをするはずです。

その意味で、わたしが自信をもって人脈といえるのは、やはり、いっしょに禅の修行を経験した雲水仲間です。

同じ時期に同じ修行道場に入った者同士を「同安居《どうあんご》」というのですが、その結束は折り紙付きの固さです。起居をともにし、とにかく厳しい修行を何とかともに乗り越えたという体験を共有することで、深い絆が生まれるのです。

修行を終えてからは、各地の寺に散りますから、それほど会う機会があるわけではありません。ですが、誰かに何かことがあれば、何を措いても駆けつけ、できることは何でもやる、という思いをみんながもっています。

禅の修行についていえるのは、常に「本気」で取り組んでいるということです。より正確にいえば、本気にならざるを得ないといったほうがいいかもしれません。修行前はふつうの人と変わらない生活を送っていた人間が、道場に入った瞬間からまったく違う生活を強いられるのです。

ひと言でいえば、それまで当たり前であったことが、何もかも〝奪われる〟といっていいでしょう。

食事も比べものにならないほど質素になりますし、睡眠時間も大幅に減ります。疲れたときちょっと横になる自由も、痺れた足を伸ばす自由も、まったく許されません。

そんな修行生活には、すべてに本気で臨まなければ、ついていけないのです。

雲水は、自分はもちろん本気ですが、仲間の雲水の本気の姿も目にするわけです。だからこそ、苦楽をともにしているという感覚を共有できるのだと思います。

つまり、本気同士がかかわっている、ということが重要なのです。

仕事を通して築かれる人脈も同じでしょう。

本気で仕事に取り組んでいる自分がいて、やはり、本気の相手がいる。そうであるから、苦楽をともにしているという感覚をもつことができ、人脈となっていくのです。

どちらかが中途半端、チャランポランであったら、たまたま仕事をいっしょにしただけ、という関係にしかならないでしょう。自分の本気という土壌があってはじめて、人脈は築かれます。

初対面での〝人物〟の見きわめ方

～蓑を着る人を避け、ていねいに挨拶できる人に学ぶ

こんな諺があるのをご存知でしょうか。

「馬には乗ってみよ、人には添うてみよ」

それが名馬か駄馬かは、乗ってみなければわからない。同じように人の善し悪しも、つきあってみなければわからない、ということをいったものです。

たしかに、その人の人格、人柄を知るには、ある程度長く、また、深くつきあってみることが必要でしょう。**しかし、初対面であっても、知る手がかりはあるという気がするのです。**

もののいい方、話す内容、立ち居ふるまいは、必ず、どこかで、その〝人物〟を反映

しているはずだからです。

「蓑《みの》」を着ている人は要注意。蓑を着るとは、自分を大きく見せることです。

会社の規模の大きさを必要以上に語ったり、自分の実績を長々といい募ったり、というのがそれにあたるでしょうか。

立場の違いを強調するのも、その類いでしょう。仕事の発注元だということをカサに着て、受注先の人に対して見下したような言動をする。人物の薄っぺらさが透けて見えます。

蓑を着るのは小さい自分を誤魔化すため、上からものをいうのは厚みのなさを糊塗《こと》するため、と判断して間違いないでしょう。

挨拶も、貴重な手がかりになりそうです。

その挨拶では、こんなエピソードを聞いたことがあります。二〇二〇年に亡くなった俳優の渡哲也さんについてのものです。

渡さんがニューフェースとして、当時の日活に入社してまもない頃、先輩の俳優さんたちに挨拶してまわったときのことです。

食堂で何人かの先輩に頭を下げていたなかで、石原裕次郎さん一人だけが、立ち上がって、

「石原裕次郎です。よろしくお願いします。キミが渡哲也くんですか。がんばってください」

ディテールは少し違うかもしれませんが、このようにきちんと挨拶を返してくれ、激励の言葉までかけてくれたというのです。裕次郎さんはすでに大スター。その裕次郎さんのていねいなふるまいに感動した渡さんは、その場で裕次郎さんに惚れ込んだといいます。

その後、渡さんは石原プロを立ち上げた裕次郎さんの片腕となり、裕次郎さんの没後も最後まで石原プロを支えたことは、誰もが知るところでしょう。初対面の挨拶が、二人の「刎頸《ふんけい》の交わり」のきっかけとなったのです。

じつは**「挨拶」という言葉は、もともと禅語**です。禅語としては「一挨一拶《いちあいいっさつ》」で、修行中の禅僧が出会ったとき、おたがいが相手に最初にかける言葉のことをいっているのです。

その言葉から、禅僧は、それぞれ相手の力量（修行によって達している境地）を推しはかったのです。自分の全存在をかけて発するのが挨拶だった、といっていいでしょう。徒《あだ》や疎《おろそ》かにはできませんね。

初対面のときに、立場の違いに関係なく、礼節をわきまえ、ていねいに、挨拶ができる人、してくれる人は、一角《ひとかど》の人物だと思います。つきあいのなかで学ぶべき点、こちらを触発してくれるものをもっているに違いありません。

器量、度量も、懐の深さもあるはずですから、こちらがあるがままの自分で飛び込んでいけば、きっと、いいご縁がいただけるのではないでしょうか。

挨拶に関連して、心にとめておいていただきたい言葉があります。

「実るほど　頭を垂れる　稲穂かな」

「ありがとう」「ごめんなさい」のすごい力に気づく

～天地をひっくり返すほどの力がある「愛語」

人と人とのコミュニケーションのなかで、〝速さ〟がいちばん求められるのは「謝罪」と「感謝」でしょうか。どちらも、時間をあけてしまうと、相手の心に響きにくくなります。

たとえば、仕事で迷惑をかけてしまったとき、即座に先方に出向き、深々と頭を下げるのと、あれこれ弁解や言い訳を考え、そのために謝罪するのが遅くなってしまった場合とでは、明らかに相手が受ける印象は違います。

前者なら、誠意を受けとってもらえますが、後者では、誠意を疑われかねないでしょう。

「何を措いても、真っ先にやるべきは、謝ることだろう。それをいま頃になって何だ。こんなことでは、ほんとうに謝る気があるのかどうか、疑わしい」

これが相手の偽らざる思いです。**謝罪では〝鮮度〟がもっとも大切なのです。**感謝についても同じことがいえます。

そのことを前提にしたうえで、両者についてもう少し考えてみましょう。

性格的になかなか謝れない。そんな人がいます。一概に決めつけることはできませんが、**そういう人は、格好をつけたがる性格、強がりたい性格なのではないか、**とわたしは推測します。

謝るのは格好悪い、惨めっぽくて嫌だ、相手に負けた気がする、といった思いがあるのでしょう。

しかし、これは完全に思い違いですね。謝るべきときは、すぐに心から謝ることができるのが格好よさですし、人としての強さであり、潔さでもあるのではないですか。

〝経験不足〟という人もいるようです。つまり、それまで謝ったことがあまりないのです。これには、家族間のかかわり方や教育環境なども影響していると思いますが、親をはじめとして、周囲に叱る大人が少なかったということなのかもしれません。

しかし、学生時代はともかく、社会に出れば、謝るべき場面は何度となくあるはずです。

上司や先輩に促されることもあるでしょうし、謝罪はビジネスパーソンの当然のわきまえと認識して、場数を踏みながら、謝り方を身につけていきましょう。

感謝も、すぐに「ありがとう（ございます）」の言葉が出てこないのは、いい慣れていないからだと思います。いうのが恥ずかしいという人もいるかもしれませんね。**しかし「ありがとう」といわれて怒る人も、気分を害する人も、傷つく人も……絶対にいないのです。**

自分が感謝されたときのことを思い返してみてください。心地よくなったのではありませんか。そこが大事です。感謝の言葉は相手に心地よさを届けるものであることを胸に刻みましょう。

仏教にはこんな言葉があります。

「愛語《あいご》」

相手のことを思い、慈しんで発する言葉のことです。

道元禅師は『正法眼蔵《しょうぼうげんぞう》』のなかで、愛語についてこう記されています。

「愛語よく廻天《かいてん》の力あることを学すべきなり」

愛語には天地をひっくり返すほどの力がある。そのことを学びなさい、ということです。**「ごめんなさい」「ありがとう」は、もっともシンプルで、しかも、素敵な愛語だとわたしは思っています。**

そのパワーは人間関係を円滑にしますし、和やかなものにもします。そのことに気づいてください。気づいたら、さあ、日常生活のなかで実践です。

「対立軸」ではなく「共感軸」を見つける

～「柔軟心」でおたがい納得できる着地点を探す

みなさんの周囲にこんな相手はいないでしょうか。

「なぜか、彼（彼女）とは、いつも意見がぶつかってしまう。おたがいに譲れないで、結局、噛み合わないまま、平行線がつづくことになる」

人にはそれぞれ、自分のものの見方、考え方、価値観があります。それがピタリと一致する人などいるわけがないのです。ですから、意見が対立するのは当然のことだといっていいでしょう。

しかし、一方、すべてが対立するということもないのではありませんか。相手のいっていることは、一～一〇まで自分の意見とは違う。まったく相容れるところがない、ということはないはずです。

平行線になってしまうのは、「対立軸」ばかりが意識されるからです。

「あれっ、それっておかしくない。違う、違う、そうじゃないって……」

対立的な意見に意識が向かえば、それに対する反論が口をついて出ます。もちろん、相手も応酬してくるでしょう。そうなったら、折り合いのつけようがありません。おたがいが納得できる着地点は見出せないのです。

相手の意見の共感できる部分に、意識を向けたらどうでしょう。「共感軸」を見つけるのです。そして、まず、そこを認める。対立する意見をいうのはそれからです。

「あなたのいっているその部分は、ほんとうにその通りだと思う。でも、ここについては、自分はこんなふうに考えるのだけれど……」

頭から相手の意見を否定するのと、認めるべきところは認めてから、反対意見をいうのとでは、ニュアンスがまったく違います。認められたことで、相手には歩み寄る気持ちの余裕が生まれるのです。

共感軸を踏まえたうえで意見を戦わせれば、対立軸となっている部分の調整も可能になります。

おたがいの意見を取り入れ、擦り合わせた、ほどよい落としどころを見つけるのも、それほど難しいことではないでしょう。

仏教には「中道《ちゅうどう》」という考え方があります。どちらか一方に偏らない、というのがその意味です。

自分の意見にあくまでこだわるのは、おたがいが一方に偏っていることだといえます。かりに、片方の意見が通ったとしたらどうでしょうか。通らなかった意見をもっていた人には、遺恨めいたものが残るでしょう。

仕事の場面を想定すると、こんなことになりかねない。

「彼の提案した通りに進めなければいけないのか。やっぱり、納得できないなぁ。これじゃあ、やる気になんかなれない」

仕事の足並みがそろわなくなるわけですから、結果がどうなるかは火を見るよりも明らかです。

「柔軟心《にゅうなんしん》」

この禅語の意味は、やわらかい心、しなやかな心、ということです。こだわらない心、偏らない心、といい換えてもいいでしょう。いつでも、この柔軟心でいることが大切です。

それが、自分とは違う意見にも共感軸を見つけることにつながり、おたがいに納得感のある着地点に導いてくれるのです。そこには〝しなやかな〟人間関係が築かれます。

「言い訳」につながる封印ワード

～「だって」は封印。それだけで印象が変わる

人はときに、見苦しい言動、情けないふるまいをしてしまうことがあるようです。その代表的なものが「言い訳」でしょう。

まず、その〝性《さが》〟を、あまたの名言から少し拾ってみましょう。

「失敗の言い訳をすれば、その失敗がどんどん目立っていくだけです」（ウィリアム・シェークスピア＝英国の劇作家）

「一般に、言い訳の上手いやつは、それ以外は何をやってもだめだ」（ベンジャミン・フランクリン＝米国の政治家、物理学者……）

「一生懸命だと、知恵が出る。中途半端だと、愚痴が出る。いい加減だと、言い訳が出る」（武田信玄＝戦国武将）

「『親が悪いから』『パートナーが悪いから』『時代が悪いから』『こういう運命だから』。これらは責任転嫁の典型的な言い訳である」（アルフレッド・アドラー＝オーストリアの精神科医、心理学者）

失敗を際立たせるもの、自分のダメさ加減を証明するもの、いい加減さを取り繕うもの、責任をとる覚悟のなさを露わにするもの……。先人たちの〝定義〟はさまざまですが、毒性はかなり強力といえそうです。

では、みなさんは、言い訳をする人を前にしたとき、どう感じるでしょうか。約束の時間に遅れてきた相手が、こんなふうにいったら……、

「きのう、飲み過ぎちゃってさ。今朝は目覚ましが壊れていて鳴らないし、携帯で遅れることを伝えようと思ったんだけど、駅についてから忘れていることに気がついて……まったく散々だよ」

散々なのは待たされた側でしょう。

前夜に飲み過ぎたのも、目覚ましを壊れたまま放置していたのも、携帯を忘れたのも、すべてその人のせい、自己責任です。もちろん、約束に遅れたことを正当化するものは、何一つありません。待たされた側がいいたいのは、ただ、このひと言です。

「そんな御託を並べるより、やることがあるだろう。まず、謝ったらどうなんだ！」

そうなのです。言い訳が見苦しいのは、やるべきことがあるのに、それをしようとせず、自分を守ることに必死なのが、相手に簡単に見透かされているからです。

情けないのは、言い訳で自分が守れるわけもないのに、それがわかっていないことだといっていいでしょう。

いずれにしても、言い訳する人の好感度は、老若男女を問わず最低レベルです。常日頃の自分の言動、ふるまいを、じっくり思い起こしてみて、言い訳癖があるのなら、ただちにやめる決意を固めるのがいいと思います。

その際のポイントは、言い訳を〝誘発〟するような言葉をみずから封印することかもしれません。

「だって」は、そんな言葉の代表格です。

先に引用した、アドラーの言葉をもう一度見てください。「親が悪いから」「パートナーが悪いから」「時代が悪いから」「こういう運命だから」。そのどれにも「だって」がつくではありませんか。

「だって」といったときは、すでに言い訳をしようとしているのです。いってみれば、「だって」が言い訳の〝接頭語〟になっているわけです。

ですから、それを封じることによって、言葉が言い訳に流れていくのを抑えることができるのではないか、と思います。

まず、その場でやるべきことをする（話し方の）習慣をつけましょう。たとえば、謝るべきなら、謝る。訂正すべきだったら、訂正する。その後、相手に求められたら、経緯を話すのはかまわないのです。

ここであげた「きのう飲み過ぎちゃって〜」という言い訳例も、やるべきことをやったうえで、経緯として語られるのであれば、相手は「説明」と受けとってくれるのではないでしょうか。

完璧な人になるか、魅力的な人になるか

～前者にはなれない。完璧主義者には二つも弱点がある

目標を高く掲げるのはいいことです。それが、日々の努力や精進につながる。しかし、あまりに高みをめざすのはどうでしょうか。何もかも完璧にこなさないと気がすまない。完璧主義です。

どんな仕事をしても一点の落ち度もない。人格も高潔で、人間関係もきわめて良好。弁舌さわやかで、立ち居ふるまいも美しい……。完璧でないわたしには、完璧主義者の在り様をうまく表現できませんが、まあ、周囲から見て、どこにも欠点が見当たらない人が、それに当たるのでしょうか。

かりに、そんな人がいたとして、疲れると思いませんか。

人はみんな、山あり、谷ありの人生を生きているのです。そのなかで完璧を保つのは、並大抵のことではないでしょう。まさに「超」がつく至難のワザです。

しかも、完璧主義者には決定的な〝弱点〟があると思います。完璧でない自分が許せなくなる、というのがそれです。

仕事で小さなミスをした。仕事にミスはつきものですし、すぐに善後策を講じれば、何の問題も起こらないはずですが、完璧主義者はそうは考えられないのです。

「この自分が、あんな些細なミスをしてしまった。ありえない。いったい自分はどうしてしまったのだろう」

自分を責めてしまう。どこか、一瞬、一瞬が、日々が、薄氷を踏むような暮らしぶり、生き方という印象です。心が休まる閑《ひま》がありませんね。

よくいわれるのが、一直線にエリート街道を歩いてきた人ほど、打たれ弱いということです。一度でも蹉跌《さてつ》を味わうと、心が折れてしまう。完璧主義者は、その究極の姿といっていいのかもしれません。

ミスをするのも、ポカをやってしまうのも、躓《つまづ》くのも、転ぶのも……生きている証である、とわたしは思っています。

ですから、完璧主義の看板を、後生大事に抱えている必要などないのです。

ミスをしたら修正すればいいのですし、ポカをやったら埋めればいいのです。躓いたら、転んだら、立ち上がればいい。そこに生きている喜びも、楽しさもあるのではないでしょうか。

完璧を求める人生は、平板にならざるを得ません。そんな人生を送りたいですか。凸凹があるから、浮き沈みがあるから、泣き笑いが繰り返されるから、人生はおもしろいのです。

完璧主義者には、もう一つ、弱点がありました。人間的な魅力に欠けるということです。コンピューターのように、一分のスキも狂いもなく、完璧に仕事をする人は、たしかに優秀かもしれません。しかし、

「いけない。このデータを入れるのを忘れてた。得意のうっかりミスってやつ、また、やっちゃった」

ときには〝うっかり〟をしてしまう、そんな人物のほうが、人間味にあふれていて、愛着がもてるのではないでしょうか。周囲をほっこりした雰囲気にさせてくれる、魅力

的な人だと思います。

発言や立ち居ふるまいに抑制が利いているのは、好ましいことですが、それにも限度というものがあるでしょう。

状況や場面によっては、大声をあげて笑い転げたり、号泣したり、することがあってこそ、みずみずしいナマの人となりが伝わってくる、という気がするのです。

さあ、〝看板〟を下ろして、軽やかに、愉快に、人生を歩いて行きませんか。

「昔」を懐かしむより、「いま」の自分を生きる

～過去をどれだけ振り返っても、自分が輝くことはない

人は、日々、経験を積み重ねながら、自分の歴史を紡いでいます。経験は時代の影響を受けますから、時代の移り変わりを反映して、その色合いもさまざまでしょう。好ましい経験も、そうでない経験もある。

少しさかのぼって時代を見ても、一九八〇年代後半からのバブル期があり、その崩壊がありました。二〇〇八年の米大手投資会社「リーマンブラザーズ」の破綻が引き金となった、いわゆるリーマンショックも時代を象徴するできごとでしょう。

その間、日本は長くデフレーションの状態にあり、二〇二〇年にはコロナ禍が世界を覆いました。

そうした時代の変遷を振り返ったとき、思いはいい経験に向かうのかもしれません。
つい、こんな言葉が口をつく。
「昔はよかったなぁ。バブルの頃なんて、給料はドンと上がったし、接待費は青天井で使えたし……」

昔を懐かしむのが、悪いとはいいません。しかし「それに比べていまは……」と考えるのはどうでしょうか。〝よかった昔〟と〝よくないいま〟を比較することで、心は昔に縛られます。そこにとらわれてしまう。その結果、「いま」が疎かになるのです。

給料が上がらないいま、接待費が使えないいま……なのだから、一生懸命やる気になんかなれない。そんな思いは、いまを疎かにしている典型例といえるでしょう。

自分自身の変化も比較の対象になりそうです。

若い頃の自分と歳を重ねたいまの自分を比べてしまう。これも、「昔はよかった」につながります。
「三〇代の頃は、徹夜をしてもぜんぜん堪えなかったのに、いまはその体力も、気力もすっかりなくなった。情けないかぎりだ」

「企画のアイディアなんかどんどん湧いたのに、いまはいくら時間をかけても湧いてこない。発想力の枯渇ってことか。なんだか、ちょっと、寂しいな」

という具合です。

たしかに、バブル期はある意味でいい時代だったかもしれませんし、気力も、体力もみなぎり、発想も豊かだった頃は、こなせる仕事の量もいまとはケタ違いだったかもしれません。

しかし、その時代は、その頃は、すでに過ぎ去ってしまっています。けっしてそこに戻ることはできないのです。

禅は、過去はその場に置いていきなさい、と教えています。

もちろん、時折であれば、置いた場所から取り出して、懐かしむことはあっていいでしょう。しかし、一時懐かしんだら、置いた場所に戻す。いつまでも手元に置いてはいけません。それが「いま」と真摯に向き合う秘訣です。

「而今《にこん》」

禅語があります。

大切なのは過去でも、未来でもない、現在、「いま」なのである。そうであるから、いま、眼前にあることに全力投球しなさい、という意味です。

時代がどうであろうと、目の前には、必ず、やるべきことがあります。そして、それに全力投球することはできるのです。そのときの自分でいいじゃないですか。気力、体力が萎え、発想力が枯れていても、その自分のすべてをそのことにぶつけたら、それでいいのです。

全力投球することのほかに、自分を輝かせる方法はありませんし、全力投球している自分は、いつだって、輝いていますよ。

第五章

いつまでも我慢しなくていい
苦境を乗り越える禅の行動力

給料カットや解雇をどう受けとめるか

～事態を受け容れて心を空にし、「まさか」を乗り切る

今回のコロナ禍で大きく人生が変わった人、生き方の見直しを余儀なくされた人は、少なくないのではないでしょうか。いや、ほとんどの人がそうした感覚をもったかもしれませんね。

人生には三つの「坂」があるといわれます。上り坂、下り坂、そして、三つめは「まさか（坂）」です。誰もが「まさか」の事態には、まず、遭遇することはない、と思っているのかもしれません。しかし、その状況がやってきた。

とりわけ、旅行・観光業、飲食業などは大きなダメージを受けることになりました。それらの業界は、それまでインバウンドによって好況を呈していたわけですから、現状

とのギャップは想像を超えるものだと思います。もちろん、その他の業界も、厳しい状況に置かれているところは少なくないでしょう。

そのなかで、給料カット、解雇といった対応をとらざるを得ない企業がすでに出ていますし、これからも増えてくるのは間違いのないところです。誰にだって、その対象になる可能性はあるわけです。

しかも、パンデミックは一種の災害ですから、どこにも責任の所在を問うことができません。できるのは、政府をはじめとする行政の救済措置を、最大限に受けることだけだといっていいでしょう。

まず、それをやる。そのうえで、事態を受け容れる。良寛さんにこんな言葉がありま す。

「災難に逢う時節には、災難に逢うがよく候」

避けようがない災難であれば、それを受け容れるしかないし、それがいちばんよいのである。良寛さんはそういっています。

もちろん、そうはいっても、仕事を失って収入の道が完全に断たれ、住むところも追い出されそうになっている、という人もいるでしょう。

しかし、**それでもその事態を受け容れたら、やるべきことが見えてくる**という気がするのです。いい方を換えれば、受け容れないかぎり、前に進むことはできない、と思うのです。

禅語を二つ紹介しましょう。

「**本来《ほんらい》無一物《むいちもつ》**」

「**無一物《むいちもつ》中《ちゅう》無尽蔵《むじんぞう》**」

前者は、人はもともと何一つもたないで生まれてくる。それが人というものの本来の姿なのである、という意味。後者は、何一つないからこそ、そこに無限の可能性がある、という意味です。

こうは考えられませんか。

コロナ禍ですべてを失った。しかし、それは本来の姿に戻ったことなのだ。人としての原点に立ち戻って、可能性を探っていこう……。

簡単なことでないのは承知でいっています。

しかし「なんでこんなことに！」「どうにもならないじゃないか！」といった思いに

とらわれていたら、そうしている間は、足を前に踏み出せないのです。嘆きや怨みは、けっして生きるエネルギーにはなりません。

そこから離れたとき、禅的にいえば、心を空っぽにしたとき、必ず、見えてくるものがある、やるべきこと（たとえば、どんな仕事でもよいから、とにかく探すことに精いっぱいつとめるetc.）に気持ちが向かう、とわたしは思っています。

表現は乱暴ですが、こんな言葉もあります。

「火事場の馬鹿力」

人はほんとうの窮地に立たされると、思いも寄らない、思った以上の、力を発揮するものだということですね。そんな力が出るのは、窮地にあるために、何も（余計なことを）考えないからでしょう。

空っぽの心が力の源泉です。やせ我慢をしてでも、その心になって「まさか」を乗り切っていきましょう。

ほんとうの友人同士に「会う、会わない」は関係ない

～自分より優れたところのある人とつきあおう

コロナ禍でのストレス源の一つは、友人に会えないことかもしれません。

月に一度か、週に一度か、その頻度はわかりませんが、会って心おきなく話をし、酒を酌み交わしていた友人たちとのつきあいも、当然、自粛の範囲内ですから、いまは思うにまかせないでしょう。

しかし、原則論をいえば、**心が通い合っている友人であれば、会う、会わない、ということはたいした問題ではない、**とわたしは思っています。

会えない寂しさは、少々、感じることはあっても、会えない状況なら、会わない期間がいくら長くなったとしても、その関係は少しも変わることはない。それが親友、ほん

とうの友人でしょう。

そんな相手が一人か二人いたら、上々の人生。すばらしい人間関係が築かれている人生だといっていいのではないでしょうか。

その人は、竹馬の友（幼なじみ）であったり、学生時代に深くつきあった人であったり、ということが多いと思います。

ですから、いま、親友と呼べる相手がいないという人は、記憶をたどって「彼（彼女）とは中学（高校）の頃、よくいっしょにいたな」という人に連絡をとってみるのも、一つの方法かもしれません。

実際、高校を卒業してからまったく会っていなかったのに、同期会で再会して話をしたのがきっかけになり、その後、たびたび会うようになって、親友と呼べる間柄になった、というケースはけっこうあります。

そういう相手には思い当たらない、という人もいるでしょう。もちろん、社会に出てからでも、親友をつくることはできます。

ただし、仕事の関係者は、利害が絡むことが少なくありませんし、競争意識もはたらきそうですから、難しいとはいえます。**利害なし、損得勘定抜き、というのが親友の条件だからです。**

趣味のサークルやボランティア活動の組織、村（町）興しのグループなどは、将来の親友と出会う可能性が十分あるのではないでしょうか。

同好の士とは、そもそも共通の話題があるわけですから、おたがいに心の垣根を取り払いやすいといえますし、目的を同じくするボランティア団体や村興しのメンバー間にも、同じことがいえるでしょう。

つきあいを深めていく相手を選ぶ際に、一つ心にとめておくとよいと思われるポイントがあります。

それを示しているのが次の禅語です。

「求朋須勝己（とももをもとむればすべからくおのれにまさるべし）**」**

友人を求めるのであれば、自分よりすぐれたところがある人を選ぶのがいい、ということをいったものです。すぐれたところは、自分の感性が素直に感じとるものなら、どんなところでもいいのです。

「彼のいつも変わらない凛とした佇まい。かっこいいなぁ」

「彼女の折り目正しさ。見習いたいわ」

そんなふうに思える人には、積極的にかかわっていったらどうでしょう。

やさしさ、強さ、おおらかさ、剽軽《ひょうきん》さ、人柄のよさ、清々しさ……。感性に引っかかるものは、いろいろありそうですね。

相手のなかに、自分が心から認められるもの、愛してやまないもの、憧れているものなどがあることは、人間関係でとても大事なことだと思います。自然に結びつきを深めようとする意思がはたらきますし、魅力を感じているところを手本にすることで、自分を成長させることにもつながるからです。

いまは一人でいることが多くなっている人がほとんどでしょう。あらためて親友の存在を考えてみる。あるいは、自分が望む親友像を思い描いてみる。たっぷりある時間をそんなことに使うのもいいのではありませんか。

病気とは、あるがままに共存する

～最高の「心の処方箋」は自分自身にしか出せない

コロナ禍は、あらためて健康の大切さ、病気にならないことのありがたさを、わたしたちに深く認識させました。健康の管理、維持に対する思いを、新たにした人もたくさんいたはずです。

きわめて当たり前のことですが、規則正しい生活習慣をもつことが、健康を守っていくための大前提です。規則正しい生活には、もちろん、起床、就寝時間を一定にする、暴飲暴食は避ける、適度な運動をする、疲労を蓄積させない……といったことも含まれますね。

しかし、十分に健康に留意していても、病気になるときはなります。

お釈迦様は「生老病死」を四つの苦しみ、「四苦」としています。なぜ、苦しみかといえば、そのいずれもが、自分ではどうすることもできないもの、自分の思いどおりにはならないものだからです。

禅は、どうにもならないもの、思いどおりにならないものは、「放っておきなさい」と教えています。ここで反論の声があがりそうです。

「放っておくって、病気になっても、治療せずに放っておけばいいってことか！」

そうではありません。病気になったら、もちろん、回復に向けて適切な治療を受けるべきですし、自分自身も回復のためにできるかぎりの努力をするべきでしょう。

「放っておきなさい」の意味は、何もしないで放置するということではありません。病気になった自分をそのまま受け容れる、というのが意味としては近いかもしれません。

つまり、抗ったり、落ち込んだり、腐ったり、諦めたり、世を儚《はかな》んだり……しないというのが、「放っておきなさい」なのです。

ここで、わたしが親しくさせていただいていた板橋興宗《いたばしこうしゅう》禅師の話をしましょう。板橋禅師は、曹洞宗大本山總持寺の貫首《かんしゅ》や曹洞宗管長などをつとめられた方です。二〇二〇年七月に九三歳で遷化《せんげ》されたのですが、長い間がんを患っておられました。

がん発症がわかったとき、わたしはお見舞いの手紙を差し上げました。その際、板橋禅師から次のような内容のお返事をいただいたのです。

「がんになったのだからしかたがない。これからは、がんと仲よくやっていくよりないな。仲よく、仲よくだ」

これが、病気をそのまま受け容れている姿でしょう。その後の禅師は、高齢になられたこともあって、托鉢《たくはつ》にこそ出られませんでしたが、坐禅や作務《さむ》（日常の作業）などは修行僧と同じようにこなし、それまでと変わらない生活をつづけられました。

病気を怖れず、あなどらず、自然体で（あるがままに）病気と共存しておられたのだ、とわたしは思っています。これにまさる病気の受けとめ方、病気との向き合い方はありません。

受け容れて、共存する。それが、病気になったときの最高の「心の処方箋」でしょう。当然、病気の種類、症状の重篤度《じゅうとくど》は人それぞれで違うわけですが、この処方箋に沿うことは誰にでもできるはずです。

そうすることで、いつも自分の精いっぱいを尽くすことができます。

たとえば、ベッドから起きあがれない状態になっても、見舞いに訪れた家族に笑顔を向け、感謝の言葉を伝える。それが病気である、そのときの自分で、精いっぱいを尽くすということです。

そうした対応は、受け容れて、共存していなければ、できません。

「なんで、自分がよりによって、こんな重い病気にならなければいけないんだ。自分だけが苦しい目に遭っている」

といった思いがあったら、心の在り様がそうであったら、家族につらくあたる、暗い表情しか見せない、などの対応になるに違いありません。

心の処方箋は、医師にも周囲の人にも出せません。自分に対して、自分だけが出せるのです。そのことを肝に銘じておきましょう。

原因を探れば、失敗を引きずらない

～結果だけを見ずに自分をブラッシュアップさせる

仕事の面でも、プライベートなことでも、何か失敗をすると、それをいつまでも引きずってしまう人がいます。

それだけ失敗を重く受けとめている〝真摯な人〟という見方もできなくはありませんが、多くの場合、その後の行動を躊躇わせたり、気持ちを萎縮させたりすることになるのではないでしょうか。

仕事でいえば、失敗したときと同じような状況に直面してしまうと、かつての失敗の記憶が甦《よみがえ》ってくる。

「あのとき大失敗しちゃったんだったな。今回は大丈夫かな。また、同じ結果になってしまうんじゃないか……」

という具合です。

プライベートでは、失恋して心に深手を負った経験が、いつまでも残っていて、なかなか新しい恋愛ができない、といったことがありそうです。

失敗を引きずるのは、なぜ失敗したのかという、その原因を明らかにしていないからではないでしょうか。失敗したという結果だけを受けとめている、といってもいいかもしれません。

たとえば、仕事が最終的に上手くいかなかったというケースでも、その決着にいたるまでには、いくつもの段階があったはずです。

スタート前の準備段階、実際にスタートした段階、さまざまな擦り合わせをしていた段階、そして、成否が決まった詰めの段階……。

それらの段階のすべてが失敗であった、ということはふつうあり得ません。**どこかの段階で方向性が違ったとか、慎重さを欠いたとか、甘さがあったとか、失敗につながる何らかの原因があったはずなのです。**

仕事の流れの全体を思い返してみて、それを探っていくことが大事だと思います。

そうすることで、準備不足であった、性急に過ぎた、仕事相手のペースに呑み込まれてしまった、詰めのタイミングを誤った……など、流れを失敗に導いた主たる原因が明らかになるのではないでしょうか。

原因がわかれば、解決策が見えてきます。準備を周到にする、慎重にことを進める、主導権を手放さない、詰めのタイミングを読む、といったことですね。それらを頭にたたき込んでおけば、二度と同じ轍《てつ》を踏むことはありません。


次に同じ状況を迎えても、難なく乗り切っていけるでしょう。

失敗に引きずられるどころか、

「今回は前の自分とは違うぞ。よぉし、気合いを入れていくか」

と自信をもって、その場に臨めるのではないでしょうか。

何かに気づきませんか。そう、**失敗したことによって、自分のスキルが上がる**のです。入念な準備ができるようになった自分は、慎重を期すようになった自分は、スキルアップした自分ではありませんか。

失敗はこう捉えたらいいのです。

「自分をスキルアップさせる好機」

失恋にだって原因があるでしょう。もちろん、失恋したばかりのときは、心の動揺もあるでしょうし、寂しさ、切なさ、やるせなさが募ったりもする。ですから、少し時間がたって、心が平静になってから、原因を探してください。

約束をたびたび破った、相手のやさしさに甘えていた、態度がいつも傲慢だった、どこかで相手を軽んじていた……。何か見つかります。

次にやることははっきりしています。原因となった自分のいけなかったところをあらためる。これです。

こちらは、自分が変わること、自分を磨くことにつながりませんか。約束を必ず守る、やさしさに感謝する……いかがですか、磨かれた自分がそこにいるではありませんか。

失敗は「自分をブラッシュアップさせる好機」でもあるのです。

介護で知っておきたい重要なポイント

～さまざまなサポートを受け、可能な限り傍で寄り添う

　ますます加速する高齢化社会で、避けて通れないのが介護の問題でしょう。親の介護、夫婦間の介護、きょうだい間の介護など、介護のかたちはさまざまですし、介護する環境も一人ひとり違うと思われますから、一般論で語るのは難しい、むしろ、不可能といったほうがいいのかもしれません。

　介護がたいへんなことは、メディアの報道からも察することができます。しかし、現実はさらに厳しいのだと思います。介護離職、介護うつ、介護が原因となった死……。その現場にいる人は、体力的にも、精神的にも、想像を超える重圧のなかで介護に取り組んでいるのでしょう。

ここでは、わたしが見聞きしている範囲で、介護について思うこと、考えていることをお話ししていこうと思います。

受けられるサポートシステムは最大限に利用する。それも重要なポイントではないでしょうか。サポートに頼らず、自力で介護をしていければ、もちろん、それがいちばんいいのだとは思いますが、限界まで、あるいは、限界を超えてがんばったりすれば、必ず、そのひずみが出てきます。

そうなる前に、サポートを受けることを考えましょう。二泊程度の日程で要介護者のお世話をしてくれるショートステイ、一日預かってくれるデイサービスなどは、まず、検討すべきサポートといえるでしょう。

その間は介護から解放されて、自分の時間をもつことができます。身体を休めることが優先されると思いますが、できれば、好きなことをしたり、行きたいところに出かけたりしてはいかがでしょう。

実際、わたしが知っている人からも、それらのサポートを利用するようになってから、気分がリフレッシュでき、体力的にもずいぶんラクになった、という声をよく聞きます。

老人ホームも選択肢の一つです。

「子どもたちに迷惑はかけたくない」という思いは、少なからず、親にはあります。

本人が老人ホームに入ることを望めば、子どもとしてもそれが最良であると考えがちですが、これも問題なし、とはいえないのです。

老人ホームでの生活は、食事や入浴の世話はもちろん、適度な運動や娯楽もスケジュールに盛り込まれていますから、〝快適〟なものであることはたしかなのでしょう。**しかし、その快適さが必ずしも要介護者に好ましいとはかぎらないのです。**

待っていれば、食事時間には食事が運ばれ、入浴もまかせておけばいい。そんな〝至れり尽くせり〟の生活を送っていると、自分でものを考えなくなり、身体も動かさなくなります。

ホームの入居者たちと、自由に会話を交わせるうちはいいのですが、それができなくなってくると、会話が極端に減ります。

世話をしてくれる職員さんから「大丈夫？　きょうは調子いかが？」などの声をかけられ、それに答えるくらいしか、会話の機会がなくなってしまいます。その結果、言葉が出てこなくなるのです。

なんとか自分で生活できていた人が、老人ホームに入ってほどなく、車椅子が必要になり、認知の症状があらわれてきた、といったケースは、けっして少なくないようです。

逆に、老人ホームから自宅に戻ったら、車椅子がいらなくなった、よくおしゃべりもするようになった、というケースも事実あると聞きます。

あくまでわたしの考えですが、**本人も周囲も望むからといって、老人ホームへの入居をベストの選択とするのは、少し早計ではないか、**という気がするのです。

さまざまな環境が整っていることが条件ですが、理想は介護が必要な人と子ども（息子、娘）家族が同居する、あるいは、すぐに行き来できる場所に住む、ということではないでしょうか。

いつでも孫の顔が見られ、ときには孫のために簡単な料理をしたり、いっしょに散歩に出かけたり、という暮らしは〝張り〟もあるでしょうし、気持ちも前向きになるはずです。

老後の暮らしは退職五年前からの準備で決まる

～お金の不安より、社会や人の役に立つ活動を考えよう

二〇〇〇万円。この数字を、苦々しい思いとともに記憶している人は少なくないかもしれません。数字は二〇一九年六月に金融庁が公表した、金融審議会市場ワーキング・グループの報告書に登場したものです。

大雑把にいえば、夫婦が年金収入に頼った老後生活を送った場合、約二〇〇〇万円の資金が必要になる、というのがその中身。あくまで、さまざまな条件のもとでの試算ですが、「老後資金二〇〇〇万円不足」という文言が一人歩きしてしまい、不安を煽る結果となりました。

この二〇〇〇万円問題は、すでに鎮静化した感がありますが、人生一〇〇年時代のい

ま、**老後の金銭的な不安はまったくないという人は、ごく少数派といっていい**のではないでしょうか。

しかし、結論をいえば「案ずるより産むが易し」だとわたしは考えています。実際に老後生活を送ってみれば、どうにかやりくりはできると思うのです。仕事を退く時期には、住宅ローンなどの〝借金〟も返済し終わっていると思われますし、子どもたちもそれぞれ独立していて、教育費の心配もないでしょう。

どのような暮らしをするかによりますが、**見込める収入や資産をもとに、あらかじめ暮らし方のプランを立てておいて、それに沿った生活をすれば、資金不足になるということはないのではない**でしょうか。

ただし、暮らしを充実させるという意味で、一つ提案したいことがあります。それまでのキャリアや自分の好きなこと、得意なことを活かして、何か社会の役、人の役に立つような活動をする、というのがそれです。

たとえば、仕事を通して英会話を身につけた方であれば、それが活かせる活動を考える。住まいの近くの子どもたちを集めて、英会話教室を開くのもいいでしょう。

このグローバル時代、小さいうちから英会話を習いたい、というニーズは十分あります。ボランティア感覚で、格安（薄謝程度）の〝授業料〟なら、実現するのはそう難しいことではないはずです。将来の国際人を育む一助を担うのは、立派な社会貢献ではありませんか。

同年代のリタイア組を対象にしてもいいですね。

授業のあとには軽くお茶会でもして、親交を深める。老後生活では地域の人たちとのかかわりが大切になります。見知った顔が集まり、和気あいあいで過ごすひとときは、楽しく、また、充実感のあるものになるに違いありません。

NPO法人に参加するのも選択肢の一つでしょう。全国各地にNPOはたくさんあり、さまざまな活動をしています。退職後、すぐに活動を始めたいのであれば、現役時代から準備をしておくのがおすすめ。

退職の五年くらい前から、いろいろなNPOに顔を出し、活動内容をリサーチするのです。準備期間は十分にあるわけですから、

「自分にはこの活動が合っているし、ここでなら自分を活かせる」

というものが見つかるまで、ゆっくりNPOめぐりをしたらどうでしょう。もちろん、NPO活動は収入にもつながります。

パソコンの腕に自信あり、という人なら、人気の「YouTuber」になるという手もありそうです。いまやYouTube界は百花繚乱の趣。アップする動画の内容は〝何でもあり〟の様相です。

この場合も、準備期間中に人気YouTuberのコンテンツをいろいろ見て、研究するのがいいでしょう。どんな動画が、登録者が多いのか、再生回数を稼げるのか、といったことをじっくり検討するのです。

そして、自分の趣味や得意の分野の動画を、アイディア、工夫を凝らしてつくり、アップする。わたしは詳しくないのですが、登録者数、再生回数が増えると、かなりの収入になると聞いています。

坐禅を習慣にして気持ちを保ちたい方へ

～坐禅会〝解禁〟までは、呼吸で気持ちを整える

コロナ禍での生活は「変化」を余儀なくされています。仕事はリモートワークが主体となっている企業が多いことでしょう。人と会い、話す機会も極端に減っている。一日誰とも話をしないということもあるかもしれませんね。

一日の時間の使い方は、明らかに、コロナ禍以前とは違ったものになっているはずです。そこで求められるのが自己管理。一日をどう過ごすかは、みずからの〝意志〟にかかっているわけです。

気を抜けば、いくらでも抜ける。その結果、

「もう、夕方か。きょうは何もしなかったな……」

といったことにもなりかねないのです。気持ちをシャキッと保つ工夫が必要でしょう。**そこで、取り入れていただきたいのが新しい「習慣」。坐禅です。**

坐禅については、すでに「夜坐」をすると心地よい眠りにつけるとお話ししました（40ページ参照）。もちろん、夜の時間だけにこだわる必要はありません。

朝起きて洗面をすませてからすわってもいいですし、リモートワークで少し疲れたときにすわってもいい。そして、気がゆるんだとき、心がザワザワして落ち着かないときなども、坐禅をするタイミングです。

「生活がすっかり変わったのがいいきっかけだ。よし、坐禅を始めてみるか！」

大歓迎ですが、**じつは、坐禅は思っているほど簡単ではない**のです。こんな声をよく聞きます。

「本格的な坐禅の指導は受けていません。そのためか、すわっていても、バイクやサイレンなど、外から入ってくる音が気になって仕方がありません。上手く集中できないのです」

禅では「一枚（一つ）になる」といういい方をしますが、坐禅はすわることだけに集中することが、もっとも大切なのです。

しかし、一朝一夕にはできませんから、最初は禅僧の手ほどきを受けるべきですし、それが坐禅を修得するいちばんの早道なのです。

姿勢にしても、足を組んで（結跏趺坐《けっかふざ》、または半跏趺坐《はんかふざ》）、骨盤を立て、背筋を伸ばす、というシンプルなものなのですが、これがなかなかキマらないのです。自分では背筋を伸ばしているつもりでも、前屈みになっていたり、最初は正しい姿勢をとれていても、すわっているうちに左右に傾いたりしてしまう。

そばにいる禅僧などの指導者に、そのつど直してもらいながら、身体で覚えていくというのが、正しい姿勢を身につける最良の方法です。見よう見まね、自己流では難しいのです。

正しい姿勢がとれなければ、正しい呼吸、すなわち、丹田呼吸はできませんし、呼吸が整わなければ、心を整えることはできません。ですから、わたしは、まず各地の禅寺などで開催している坐禅会に参加してください、と常々お話ししています。

ところが、折悪しく、現在（令和二年一〇月）はコロナ禍のために、ほとんどの禅寺が坐禅会を休止せざるを得なくなっています。わたしの寺（建功寺＝神奈川県鶴見区）も、毎週開催していた坐禅会を開けない状況です。

しかし、いずれコロナ禍も落ち着きます。そのときまで「坐禅を始めよう」というモチベーションをもちつづけませんか。そして、**坐禅会〝解禁〟となったら、まずはそれに参加していただきたい**のです。体験すれば、必ず、坐禅のすばらしさがわかっていただける、と確信するからです。

それまでの間は、呼吸で気持ちをシャキッとさせましょう。深い呼吸を数回すると、ゆるんだ気持ちは引き締まりますし、心のざわつきもおさまって、穏やかな状態に戻ります。

呼吸を自己管理の有効なツールとして活用してください。

【著者プロフィール】

枡野 俊明　ますの・しゅんみょう

曹洞宗徳雄山建功寺住職、庭園デザイナー、多摩美術大学環境デザイン学科教授。

大学卒業後、曹洞宗大本山總持寺で修行。「禅の庭」の創作活動によって、国内外から高い評価を得る。芸術選奨文部大臣新人賞を庭園デザイナーとして初受賞。ドイツ連邦共和国功労勲章功労十字小綬章を受章。2006年『ニューズウィーク』日本版にて、「世界が尊敬する日本人100人」に選出される。庭園デザイナーとしての主な作品に、カナダ大使館、セルリアンタワー東急ホテル庭園など。

著書に『幸運は、必ず朝に訪れる。』(秀和システム)、『禅が教えてくれる美しい人をつくる「所作」の基本』(幻冬舎)、『心配事の9割は起こらない』(三笠書房)、『寂しさや不安を癒す 人生のくすり箱』(KADOKAWA/中経出版)、『生きるのがラクになる椅子坐禅』(小学館)、『50代を上手に生きる禅の知恵』(PHP研究所)などがある。

気《き》持《も》ちが折《お》れない禅《ぜん》の習慣《しゅうかん》

発行日　2020年12月10日　第1版第1刷
　　　　2020年12月20日　第1版第2刷

著　者　枡野《ますの》　俊明《しゅんみょう》

発行者　斉藤　和邦
発行所　株式会社　秀和システム
〒135-0016
東京都江東区東陽2-4-2　新宮ビル2F
Tel 03-6264-3105（販売）Fax 03-6264-3094
印刷所　日経印刷株式会社　Printed in Japan

ISBN978-4-7980-6277-8 C0095